Tolles Druck- und Zeichenstudio für Kinder

COMPUTER-WISSEN FÜR KINDER

Tolles Druck- und Zeichenstudio für Kinder

AUCH FÜR ERWACHSENE

Tolles Druck- und Zeichenstudio für Kinder

Autor: Regine Kramer

Printed in Germany

INHALT

Einleitung

Hallo liebe Leserin, hallo lieber Leser!

Willkommen in der kunterbunten Welt von »Paint«. Du möchtest wissen, wie man am Computer Bilder malen kann?

Da bist du bei mir gerade richtig. Mein Name ist Chip, Computermaus Chip. Ich bin ein Fachmann in allem, was mit dem Computer zu tun hat. Und mit dem Malprogramm »Paint« bin ich besonders gut vertraut.

Als Computermaus bin ich ja sozusagen immer mit dabei. Egal, ob du am Computer schreibst, malst oder rechnest – früher oder später wirst du meine Hilfe brauchen. Beim Malen in »Paint« ist das erst recht so. Statt mit einem Farbstift auf Papier zu malen, hast du mich als Mal- und Zeicheninstrument zur Hand.

Also verlass dich getrost auf mich und folge mir auf der Reise durch die Malwelt von »Paint«. Alles, was du dazu brauchst, ist ein Computer, der unter »Windows 95« läuft. Denn dann hat er automatisch auch das Malprogramm »Paint«. Windows 3.x hat übrigens auch ein Malprogramm, das so ähnlich wie »Paint« funktioniert. Es heißt »Paintbrush«!

Dich erwarten aufregende Reisen in ferne Länder und andere Welten. Immer mit dabei ist die CD, die zu diesem Buch dazugehört. Auf ihr findest du eine ganze Menge lustiger und bunter Bilder, mit denen wir tolle Bildergeschichten basteln werden.

Also lass dich überraschen!

Deine Computermaus Chip

Das Malprogramm Paint

Bevor wir uns anschauen, was für Bilder auf der CD sind und was man damit machen kann, solltest du das Malprogramm Paint einmal näher kennenlernen.

Mit Paint kann man nämlich wie mit einem Malkasten malen. Du hast dort viele Farben zur Auswahl, sogar eine Farb–Mischpalette und viele wichtige Malwerkzeuge. Allein damit kannst du schon die tollsten Bilder zaubern.

Wenn zu deinen Malkünsten dann noch die CD–Bilder dazukommen, dann können im Nu richtige Bildergeschichten entstehen. Rufen wir also gleich mal das Programm Paint auf.

Auf die Plätze ...

Weil dieses Buch nicht für totale Anfänger in Sachen Computer ist, werde ich nicht extra erklären, wie die Tastatur und die Maus zu bedienen sind. Das sind Windows–Grundkenntnisse.

Folgendes solltest du aber über die Maus bereits wissen bzw. mit ihr machen können:

Einmal (an)klicken:
du zeigst mit dem Mauszeiger auf etwas und drückst die linke Maustaste einmal kurz.

Doppelklicken:
du drückst zweimal ganz kurz hintereinander die linke Maustaste. Dazu brauchst du ein wenig Übung, um schnell genug zu sein.

Ziehen:
du zeigst auf ein Element am Bildschirm, drückst die linke Maustaste, hältst sie gedrückt und verschiebst das Element mit der Maus.

Soviel zur Maus. Die Tastatur solltest du ebenfalls kennen, auch wenn du zum Malen in Paint hauptsächlich die Maus brauchst.

Und schließlich solltest du auch schon die wichtigsten Elemente und Eigenschaften von Windows 95 kennen. Was ich damit genau meine, das zeige ich dir jetzt.

Das ist die Task-Leiste. Sie befindet sich am unteren Rand des Desktops.

Ich werde ab jetzt immer vom ***Desktop*** *sprechen, wenn ich den Windows 95-Bildschirm meine. So machen es alle Computer-Profis.*

Kennst du auch schon das Geheimnis der Start-Schaltfläche?

Das ist die Start-Schaltfläche auf der Startleiste des Windows 95-Desktops.

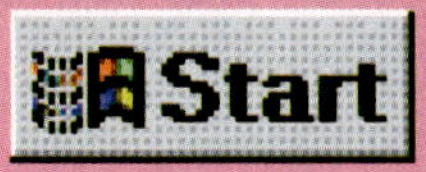

Du erinnerst dich: Ein Mausklick auf die Start-Schaltfläche genügt, und Windows 95 öffnet dir die Tür zu allen Programmen, die auf deinem Computer laufen.

Findest du von hier aus alleine das Malprogramm Paint, und kannst du es auch starten?

Dann kannst du den folgenden Abschnitt auslassen, zwei Seiten weiterblättern und dort wieder mit dem Lesen fortfahren.

Fertig?

Wo geht's hier zu Paint? Ganz einfach: Klicke auf die bekannte Start–Schaltfläche.

Zeige auf »Programme«.

Zeige weiter im Programme–Menü auf »Zubehör«.

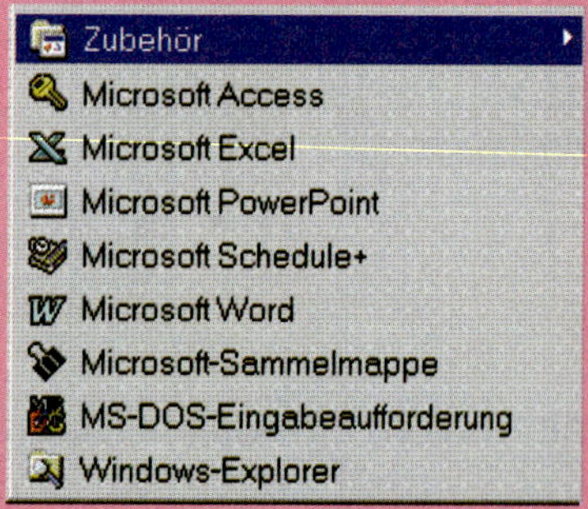

Und hier findest du Paint! Ein Mausklick ...

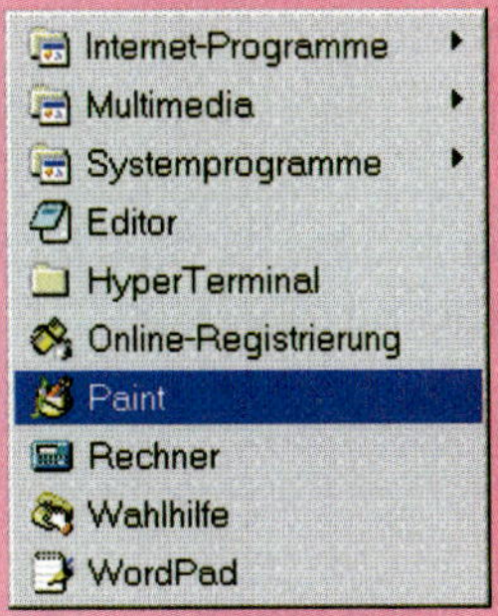

... und du befindest dich im Land der unbegrenzten Malmöglichkeiten.

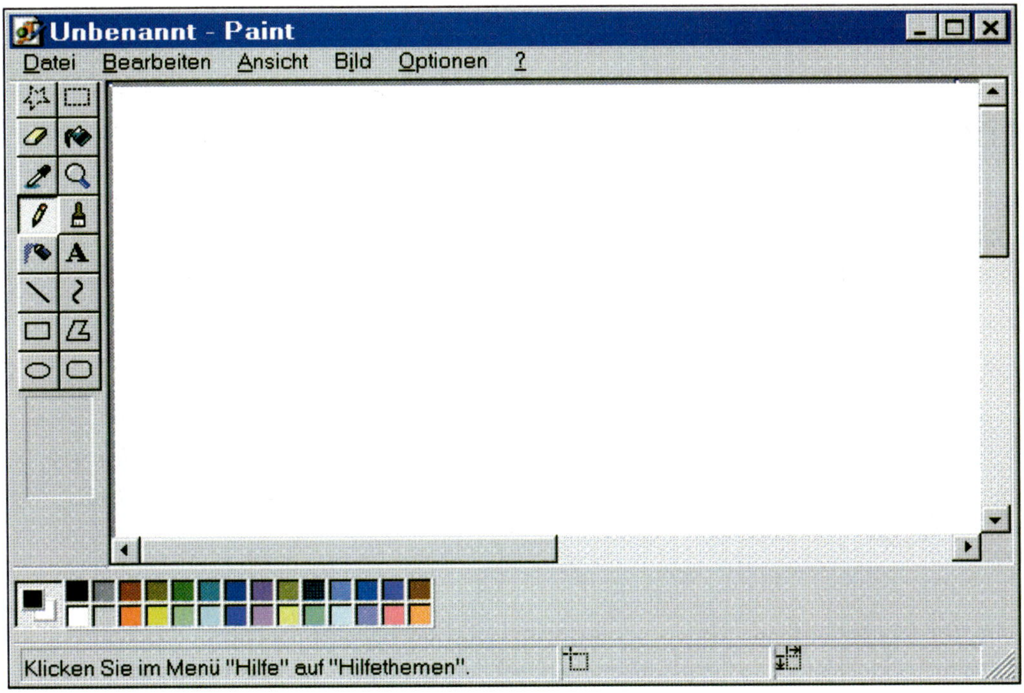

Das ist das Malprogramm Paint.

Auch hier muss ich noch einmal deine Windows-Kenntnisse prüfen. Die folgenden Schaltflächen solltest du kennen:

Ein Klick auf diese Schaltfläche: Paint schrumpft von Bildschirm- auf Fenstergrößen.

Wird diese Schaltfläche angeklickt, vergrößert sich Paint auf Bildschirmgröße.

Ein Klick darauf, und Paint schrumpft zu einer Schaltfläche auf der Task–Leiste zusammen.

Damit wird das Programm beendet.

Wir werden diese Schaltflächen alle noch brauchen. Also merke dir gut, was sie bedeuten.

Los geht's mit Paint

Nun hast du das Programm Paint gestartet und könntest eigentlich gleich losmalen. Aber du weißt wahrscheinlich noch gar nicht, wie das Malen mit Paint funktoniert, oder?

Zum Malen und Zeichnen in Paint braucht man nur die Maus. Das einzige, was man mit der Maus nicht kann, ist schreiben. Das machst du mit der Tastatur deines Computers, so, wie du es gewöhnt bist. Doch dazu später.

Mit der Maus werden die verschiedenen Malwerkzeuge geführt. Du kannst mit Farbe kleckern, radieren, verschieben, vergrößern oder verkleinern. Auch einen geraden Strich zu ziehen ist ganz einfach.

Kreise werden schön rund. Und Farbe kannst du nicht nur mit einem Pinsel auftragen, sondern sogar sprühen wie mit einer Sprühdose. Habe ich dich jetzt neugierig gemacht?

Lass uns doch gleich zu Beginn gemeinsam anschauen, was alles in Paint dran und drin ist. Da gibt es eine Menge zu entdecken!

Am unteren Rand des Programmfensters findest du die Farbpalette. Sie sieht so aus:

Die Farbpalette hat insgesamt 28 Farben.

Mit einem einfachen Mausklick wird eine Farbe ausgewählt. Sie erscheint in dem Quadrat, das sich links von der Farbpalette befindet.

Das probieren wir doch gleich mal aus: Suche dir eine Farbe aus und klicke sie an.

Hier wurde Rot angeklickt.

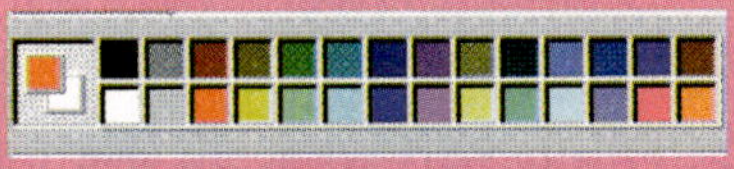

Ob man nun mit einem Stift Umrisse malt oder aber eine Fläche mit Farbe füllen will: In der Farbpalette wählt man dazu den Farbton aus.

Los geht's mit Paint

Am linken Rand des Paint–Fensters befindet sich die Werkzeugleiste mit vielen Schaltflächen.

Jedes der kleinen bunten Symbole steht für ein Malwerkzeug.

Schau dir die Symbole auf den Schaltflächen in der Werkzeugleiste genau an. Bei einigen von ihnen ist auf den ersten Blick zu erkennen, was sich dahinter verbirgt.

Wenn du neugierig bist, dann zeige nacheinander auf die einzelnen Schaltflächen. Bleibt der Mauspfeil eine kurze Weile ruhig auf einem Symbol liegen, dann erscheint ein kleines Kästchen mit dem Namen des Symbols.

Die Schaltflächen wirst du alle gleich kennenlernen. Nämlich dann, wenn du dein erstes Bild malst. Aber noch einen Augenblick Geduld: Es fehlt noch ein Bestandteil des Paint–Bildschirms:

Das ist die Menüleiste am oberen Rand des Programm–fensters.

Die Menüleiste wird dir wahrscheinlich von anderen Programmen her bekannt vorkommen. Zu ihr kommen wir später noch einmal.

Das erste Bild: Punkt, Punkt, Komma, Strich ...

Jetzt kann es aber losgehen mit dem Malen und Zeichnen. Beim ersten Bild wirst du erst einmal die Malwerkzeuge kennen- und benutzen lernen. Es ist ein Übungsbild.

Aber schon bei den nächsten Bildern wirst du tolle Sachen malen, die auf einem Blatt Papier viel schwerer fallen!

Wie wäre es mit etwas Einfachem für den Anfang? Lass uns doch als erstes ein Männchen malen. Die weiße Fläche im Programmfenster ist das Blatt Papier, auf dem gemalt wird.

Zu allererst brauchst du einen Stift. Den findest du wo? Richtig, in der Werkzeugleiste!

Klicke auf die Schaltfläche mit dem Malstift.

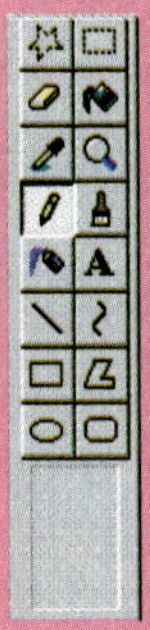

Male jetzt mit Hilfe deiner Maus ein Männchen im rechten Teil der Malfläche. Dazu führst du den Mauspfeil an die Stelle, wo du mit dem Zeichnen beginnen willst. Drücke nun die linke Maustaste und halte sie fest. Wenn du jetzt mit der Maus auf deinem Tisch die Form eines Kreises fährst, zeichnet der Malstift am Bildschirm diesen Kreis nach.

Genau so funktioniert es. Ist der Kreis rund, dann lass die Maustaste los, setze mit dem Mauspfeil an einer anderen Stelle an und male nun das, was mal ein Gesicht werden soll, zu Ende, mit Augen, Nase und Mund. Wie heißt es noch: Punkt, Punkt, Komma, Strich ...

... fertig ist das Mondgesicht!

Zugegeben, so toll ist das Ergebnis nicht. Es gehört schon ein schönes Stück Übung dazu, mit der Maus annähernd so gut zu malen wie mit den gewohnten Stiften auf einem Blatt Papier.

Sei also nicht enttäuscht, wenn der Kopf deines Männchens eine dicke Beule hat oder eher wie ein Ei aussieht: Mit ein bisschen Übung werden die Kreise runder und die Striche gerader werden.

Aber jetzt werde ich dir zeigen, was mit Paint am Computer leichter gelingt als auf dem Papier.

Klicke auf diese Schaltfläche in der Werkzeugleiste.

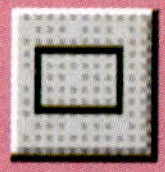

Mit diesem Malwerkzeug kannst du blitzschnell Rechtecke zeichnen, mit schnurgeraden Seitenlinien, wie es mit einem Lineal nicht besser gehen kann!

Mit diesem Hilfsmittel werden wir jetzt neben das Männchen ein Haus malen, mit Türe, Fenstern und einem Schornstein auf dem Dach.

Also aufgepasst: Klicke mit der Maus an den unteren Rand der Malfläche, halte die linke Maustaste fest und ziehe den Mauspfeil schräg nach rechts oben.

So entsteht ein Rechteck. Wenn es groß genug ist, dann lass die Maustaste wieder los.

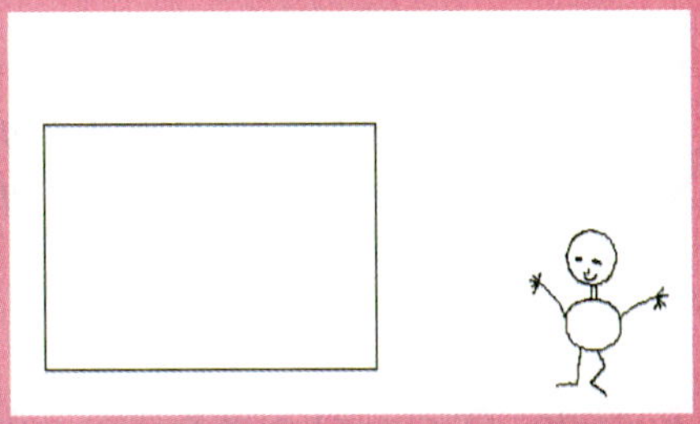

Das war keine besonders schwere Übung, nicht wahr? Als nächstes wird das Dach gedeckt.

Klicke auf die Linien-Schaltfläche in der Werkzeugleiste.

Jetzt wird die erste Linie für das Dach gezeichnet. Und das geht so:

Klicke an die obere linke Ecke des Rechtecks. Ziehe eine Linie schräg nach oben bis zum obersten Punkt des Dachs.

Und wieder die Maustaste loslassen, sobald der Strich lang genug ist und richtig sitzt.

Wenn du mit dem Halteklick eine Linie malst, wird diese Linie wie ein Faden über die Malfläche gezogen.

Der Rest des Dachs ist nun sicher kein Problem mehr.

Die zweite Dachlinie wird vom höchsten Punkt des Daches hinunter bis zur rechten Ecke des Rechtecks gezogen. Nun kann das Richtfest gefeiert werden.

Was jetzt noch fehlt sind Haustür, Fenster und natürlich der Schornstein. Mit den beiden Malwerkzeugen für Rechtecke sind Tür und Fenster blitzschnell gemalt.

Und auch der Kamin ist mit drei Strichen schnell auf das Dach gesetzt. Also versuche es gleich.

Nun hat Max, so nenne ich meinen kleinen Freund, ein Haus bekommen.

So weit, so gut. Aber schöner wird alles natürlich, wenn ein bisschen Farbe ins Spiel kommt.

Noch ein bisschen Farbe gefällig?

Die Farbpalette haben wir uns bereits angesehen. Nun fehlen noch die Farbpinsel und Farbeimer, um mit dem Streichen beginnen zu können.

Was meinst du, welches Malwerkzeug klickt man am besten an, um die Haustür blau anzumalen?

Klicke auf die Schaltfläche für den Farbfüller in der Werkzeugleiste.

Aufgepasst: Wenn man den Farbfüller auswählt und anklickt, dann verwandelt sich der Mauspfeil in einen kleinen Eimer, aus dem gerade Farbe läuft. Hast du das bemerkt?

Was meinst du, was dieser Farbeimer kann? Klar, er kippt auf eine Fläche Farbe aus. Also kein mühsames Pinseln, sondern nur ein Mausklick, und die Farbe verteilt sich schön gleichmäßig auf der angezeigten Fläche. Das solltest du jetzt gleich einmal mit der Haustür ausprobieren.

Zuerst musst du dir noch eine Farbe für die Haustür aussuchen, zum Beispiel die Farbe Blau. Ein Klick genügt.

Nun kannst du die Haustür anmalen. Zeige mit dem Mauszeiger (der jetzt ein kleiner Farbeimer ist) auf die Tür und klicke mit der linken Maustaste.

Sei vorsichtig mit dem Farbeimer. Überzeuge dich stets, dass er direkt auf der Fläche steht, die du mit Farbe füllen möchtest. Bei einer ganz kleinen Fläche sollte die auslaufende Farbe genau in diese Fläche hineinlaufen. Dann klappt es!

Nun ist die Tür mit einem Mausklick blau geworden!

Nun kommen noch die Fenster, das Dach, der Kamin und die Hauswand dran. Wähle jeweils zuerst eine Farbe aus und fülle dann die Fläche mit ihr.

Fix und fertig steht nun das Haus von Max da.

Vorsicht! Manchmal passiert es, dass statt der ausgewählten Fläche plötzlich das ganze Bild mit einer Farbe eingefärbt wird. Das geschieht, wenn die Fläche, die du einfärbst, nicht ganz geschlossen ist. Dann läuft die Farbe quasi aus dem Loch heraus.

Aber keine Sorge! Sollte dir das gerade passiert sein, dann verrate ich dir jetzt gleich, wie du das Ganze schnell reparieren kannst.

Als erstes machst du das Einfärben rückgängig. Und das geht so:

Klicke in der Menüleiste auf »Bearbeiten« und dann auf »Rückgängig«. Und schon hat der Spuk ein Ende: Die Farbe ist wieder verschwunden.

Als nächstes muss das Loch gefunden und dann repariert werden. Nehmen wir mal an, das Dach hat ein Loch, und zwar genau da, wo es auf der Hauswand aufsitzt.

Zugegeben, ein solches Loch kann schwer zu finden sein, wenn es nämlich sehr klein ist. Aber wozu hat denn Paint eine Lupe?

Klicke das Lupen–Werkzeug in der Werkzeugleiste an.

Nun verwandelt sich der Mauspfeil in eine Lupe. Zeige mit der Lupe auf die verdächtige Stelle am Dach.

Mit einem Mausklick wird der Bildausschnitt vergrößert, der sich in dem Viereck der Lupe befindet.

Und da ist das Loch auch schon!

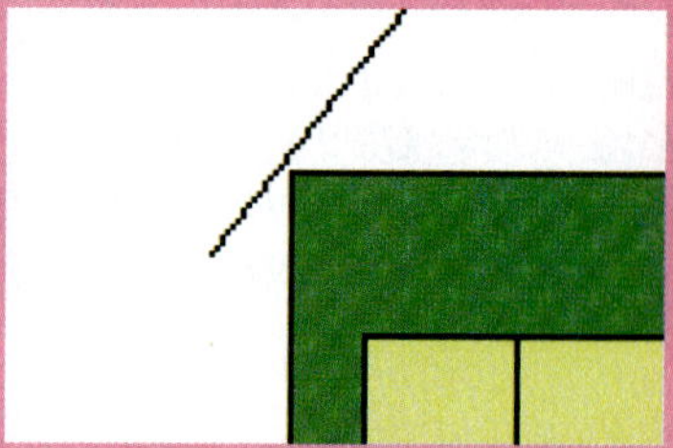

Also jetzt schnell das Dach geflickt! Das geht ganz einfach mit dem Stift aus der Werkzeugleiste.

Wähle den Stift mit einem Mausklick.

Vergiss auch nicht, für den Stift die Farbe Schwarz in der Farbpalette anzuklicken.

Schließe die Lücke zwischen Dach und Hauswand mit einem kleinen Strich. Das war's schon!

Nun kann das Dach endlich rot angestrichen werden. Zuvor sollten wir aber vom vergrößerten Bildausschnitt zurück zum Gesamtbild schalten.

Klicke erneut die Lupe an.

Unter der Werkzeugleiste erscheint ein neues Feld. Hier klickst du auf »1x«.

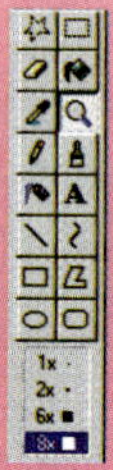

Dazu kannst du dir merken: ***1x*** *steht für das volle Bild;* ***2x*** *bedeutet die zweifache und* ***8x*** *die achtfache Vergrößerung.*

Wahrscheinlich ist dein Bild jetzt wie bei mir in die linke obere Ecke verrutscht. Das macht nichts: Mit den sogenannten Bildlaufpfeilen wird es wieder an den richtigen Ort geschoben.

Die Bildlaufpfeile am rechten und am unteren Bildrand kennst du ja als Windows 95–Profi.

Zur Erinnerung: Mit einem Halteklick auf die Pfeilschaltflächen wird das Bild im Programmfenster verschoben – jeweils in die Richtung, die der Pfeil anzeigt.

So, jetzt geht's aber weiter mit dem Malen. Das weiße Dach soll jetzt endlich angemalt werden. Also schnell eine Farbe in der Farbpalette ausgesucht und her mit dem Farbeimer!

Max hat ein schönes neues Haus.

Du weißt nicht mehr, wie das mit dem Anmalen geht? Dann blättere einfach zurück auf die Seite 21.

Wie wäre es jetzt noch mit einem bisschen Sonnenschein, Schäfchenwolken, ein paar Vögeln am Himmel und einem kleinen Garten? Versuchen wir das gleich! Überlege zunächst, was du für die Sonne brauchst.

Zuerst die Farbe: Wähle das Gelb in der Farbpalette mit einem Mausklick. Und welches Werkzeug würdest du nehmen? Den Stift?

Da gibt es noch etwas Besseres! Paint hat nämlich für alles, was einigermaßen rund werden soll, ein Spezialwerkzeug: die Ellipse.

Klicke auf die Ellipse in der Werkzeugleiste.

Weißt du, was eine Ellipse ist? Eine Ellipse ist ein Kreis, der zusammengedrückt wurde, und der deshalb flach aussieht. Genauso, wie das Zeichen auf der Ellipsen-Schaltfläche.

Verwechsle die Ellipsen-Schaltfläche nicht mit dieser Schaltfläche. Mit dieser kannst du nämlich nur ein Viereck mit runden Ecken malen.

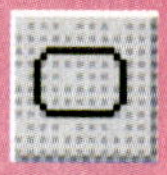

Klicke die Ellipse an und male jetzt eine Sonne in das Bild. Das geht genauso wie beim Rechteck, nämlich mit dem Halteklick. Erinnerst du dich noch daran? Zeige mit dem Mauszeiger an die Stelle, wo die Sonne hin soll. Drücke dann die linke Maustaste, halte sie fest und ziehe die Maus so weit, bis die Sonne schön rund und groß genug ist. Jetzt kannst du die Maustaste loslassen.

Male den Kreis nun mit dem Farbfüller gelb aus.

Die Sonne kann man natürlich noch ein bisschen schöner machen: mit ein paar dicken Sonnenstrahlen, Augen, Nase und einem Lachmund.

Wie das geht? Am besten mit dem Pinsel–Werkzeug. Es hat den Vorteil, dass man zwischen dicken und dünneren Pinselstrichen auswählen kann.

Klicke den Pinsel in der Werkzeugleiste an.

Unter der Werkzeugleiste erscheint nun ein Feld, wo du mit einem Mausklick zwischen verschieden dicken Linien auswählen kannst.

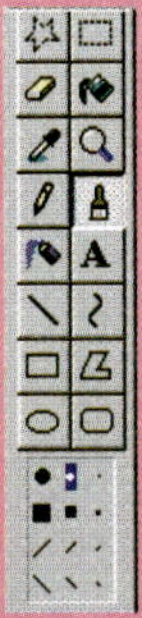

Nun werden zuerst die Sonnenstrahlen gemalt, dann mit roter Farbe der Mund, mit Blau die Augen ...

Jetzt strahlt die Sonne aber freundlich!

Bei so vielen verschiedenen Farben und Strichen kann es schon einmal passieren, dass man vergisst, von einer Farbe zur anderen zu wechseln. Und plötzlich hat die Sonne rote Augen statt blaue.

Macht nichts! Mit dem Befehl ***Rückgängig*** *ist der Fehler schnell behoben. Wenn du dich nicht mehr daran erinnerst, kannst du auf Seite 23 zurückblättern.*

Und wie wäre es jetzt noch mit ein oder zwei Schäfchenwolken? Dann wäre der Sommersonnentag perfekt!

Damit deine Schäfchenwolken richtig schön werden, solltest du sie mit einem speziellen Werkzeug malen, dem sogenannten »Airbrush« (das ist englisch und wird so ausgesprochen: »Ährbrasch«).

Klicke auf die Airbrush-Schaltfläche in der Werkzeugleiste.

Auch zum Airbrush-Werkzeug kann man auswählen, wie dick der Sprühstrahl werden soll.

Suche dir im Feld unter der Werkzeugleiste die richtige Sprühstärke aus.

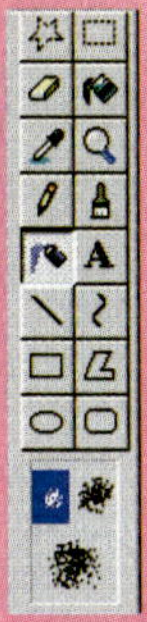

Wähle noch unter den verschiedenen Blautönen in der Farbpalette den passenden aus, und dann kann es losgehen mit dem Himmel-Graffiti.

Bei so viel Sonne hat sogar unser blasser Max ein wenig Farbe bekommen!

Viel bleibt jetzt nicht mehr zu tun. Es fehlen noch ein paar Vögel am Himmel und ein bisschen Grün: ein Garten, Blumen, ein Baum vielleicht. Am besten, du malst jetzt einfach drauflos.

Max ist zufrieden, und wir auch.

Vor allem haben wir uns jetzt eine kleine Verschnaufpause vom Malen verdient!

Wenn die Bilder laufen lernen

Hast du dir bei einem fertig gemalten Bild nicht auch schon mal gewünscht, alles noch mal umstellen zu können? Auf dem Papier geht das natürlich nicht. Aber in Paint geht das ganz schnell.

Ein Vorschlag: Wie wäre es, wenn Max nicht neben sondern vor seinem Haus stehen würde? Das müssen wir ausprobieren.

Klicke auf diese Schaltfläche. Sie hat einen etwas komischen Namen: »Freihandauswahl«.

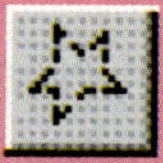

Was bedeutet Freihandauswahl? Nichts anderes, als mit dem Mauszeiger einmal um den Bildteil herumzufahren, den man verschieben möchte.

Das werden wir jetzt gleich mit Max machen.

Ziehe mit dem Halteklick einen engen Kreis um Max. Das sieht dann so aus:

Sobald der Kreis geschlossen ist, wird die linke Maustaste losgelassen. Nun verwandelt sich die Kreislinie in ein flimmerndes Viereck um Max herum.

Und alles, was in diesem Viereck ist, kann jetzt ganz einfach verschoben werden.

Zeige mit dem Mauszeiger auf Max. Mit dem Halteklick lässt er sich jetzt ohne zu meckern vor das Haus stellen.

Da steht er nun, der Max, vor seinem neuen Haus.

Das war nicht schwer, oder?

Und wenn wir schon mal beim hin- und herschieben sind, dann könnten wir doch auch noch den Baum ein wenig zum Haus hin rücken. Also los!

Max scheint immer noch ganz zufrieden zu sein.

Aber eigentlich wäre doch jetzt Platz für das Auto von Max: Es heißt Emma und ist ein ganz besonderes Auto. Emma könnte jetzt da stehen, wo der Baum eine Lücke hinterlassen hat. Malen wir also Emma.

Für Emma sollte genug Platz gemacht werden. Also sollte alles, was noch im Weg steht, weggeschoben werden – Blumen, Gras ...

Emma sieht ein bisschen aus wie eine Kugel – wie eine feuerrote Kugel.

Wähle also als erstes das Ellipsen–Werkzeug.

Male mit rotem Stift zuerst ein größeres Ei und fülle es mit derselben Farbe aus – ungefähr so:

Nun kommt etwas Neues: Wir schneiden die untere Hälfte des Eies weg. Und das geht folgendermaßen.

Klicke in der Werkzeugleiste die Auswahl–Schaltfläche an.

Das Auswahl-Werkzeug kann das gleiche wie die Freihandauswahl. Nämlich einen Bildbereich markieren, um ihn dann herumzuschieben - oder eben zu löschen.

Zeige mit dem Mauszeiger auf die Stelle, wo das Ei abgeschnitten werden soll. Ziehe die Maus mit dem Halteklick schräg nach unten, bis der der Teil des Eies markiert ist, der weg soll.

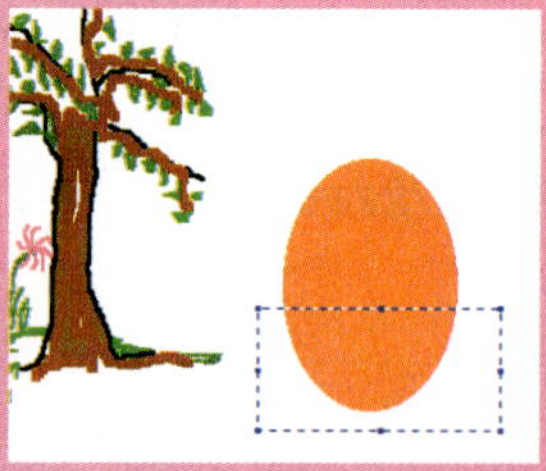

Nun löschen wir den markierten Teil des roten Emma-Eies.

Klicke in der Menüleiste auf »Bearbeiten« und dann auf »Löschen«.

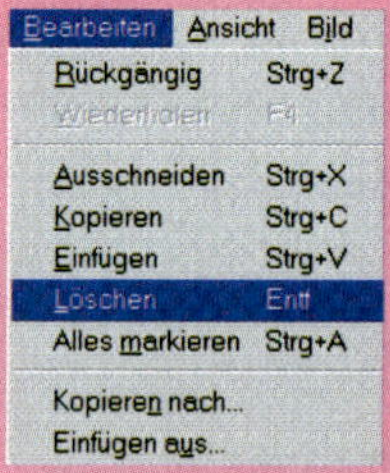

Nun fehlen nur noch die Räder, Scheinwerfer und Fenster, um das halbe Ei zum Auto zu machen.

Dabei verrate ich dir noch ein paar Tricks mit dem Ellipsen–Werkzeug, die ein Paint–Profi schon kennen sollte.

Wenn du das Ellipsenwerkzeug anklickst, erscheint unter der Werkzeugleiste eine kleine Fläche mit drei Wahlmöglichkeiten. Klicke die mittlere an.

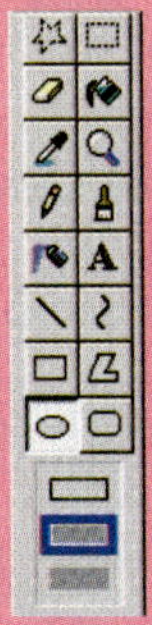

Male nun die beiden Autoräder. Fülle sie danach mit einer Farbe deiner Wahl.

Ist dir aufgefallen, dass das Ellipsen–Werkzeug mit dieser Einstellung die Räder aus dem roten Bauch von Emma richtig herausschneidet? Praktisch, nicht wahr?

Als nächstes sind die Fenster an der Reihe. Mit zwei Strichen ist das gleich geschehen. Die Fenster kannst du dann nach Lust und Laune noch mit einer anderen Farbe anmalen.

Und jetzt zeige ich dir noch einen anderen Trick mit dem Ellipsen–Werkzeug. Klicke wieder auf die Ellipse.

Nun wählst du in dem kleinen Feld unter der Werkzeugleiste die unterste Wahlmöglichkeit aus.

Male ein Auge in die vordere Windschutzscheibe.

Auf diese Art kann man richtige Löcher in farbige Flächen schneiden. Auch das ist manchmal sehr nützlich.

Jetzt überlasse ich es deiner Fantasie, wie du Emma zu Ende malst. Vorder- und Rückscheinwerfer, vielleicht noch eine andere Augenfarbe, Stoßstange, Gepäckträger oder irgendwelche Verzierungen: Du hast für alles das nötige Malwerkzeug. Viel Spaß!

Da steht sie nun, die gute Emma. Sie hat eine Überraschung für Max!

Aus Eins mach Drei

Was Max noch nicht weiß: Emma hat Nachwuchs bekommen, Zwillinge. Sie sind noch ziemlich klein und heißen Hans und Franz.

Keine Sorge, du musst erst mal nichts mehr malen. Die beiden Autobabys zaubern wir auf ganz andere Weise herbei. Das Zauberwort heißt: kopieren. In Paint kann man nämlich Emma verdoppeln, verdreifachen und so weiter.

Und – das verrate ich jetzt auch schon – man kann die Kopien beliebig groß oder klein machen!

Zuerst markieren wir Emma mit dem Auswahl-Werkzeug.

Klicke auf das Auswahl-Werkzeug in der Werkzeugleiste.

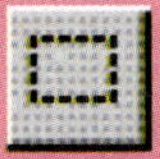

Ziehe mit dem Halteklick einen Rahmen um Emma.

Nun kann's losgehen. Zuerst wird eine Kopie von Emma gemacht. Und das geht so:

Klicke in der Menüleiste auf »Bearbeiten« und dann auf »Kopieren«.

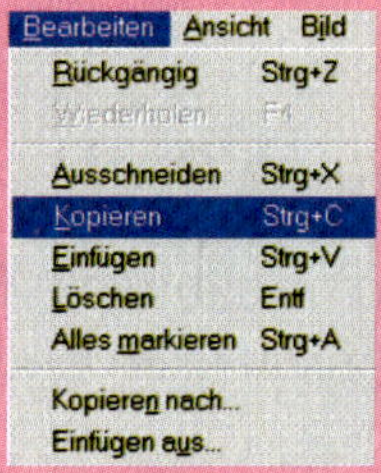

Nun hast du eine Kopie von dem Auto erstellt – und die ist für dich unsichtbar von Paint gespeichert. Diese Kopie wird mit einem einfachen Befehl in das Bild eingesetzt.

Klicke wieder auf »Bearbeiten« und dann auf »Einfügen«.

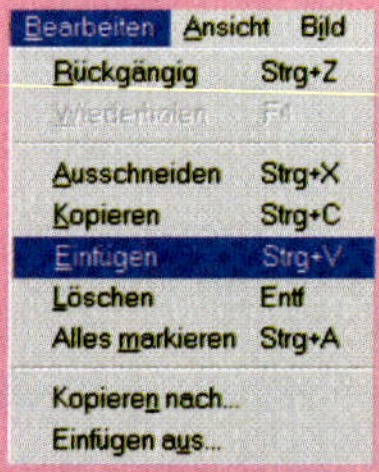

Hoppla, da ist ja schon einer der Zwillinge! Ist es Hans oder Franz?

Ein wenig wird er jetzt noch verkleinert, bevor er sich zu Emma hinzugesellen darf.

Zeige mit dem Mauszeiger genau auf die rechte untere Ecke des Rechtecks. Wenn sich der Mauszeiger in einen Doppelpfeil verwandelt, drücke die linke Maustaste, halte sie fest und verschiebe den Mauszeiger nach links oben. Nun wird Hans kleiner.

Nun ist Hans klein genug.

Packe jetzt den Kleinen mit dem Halteklick und verschiebe ihn in die Nähe seiner Mutter

Da ist nun der Hans bei der guten Emma und wartet auf seinen Bruder Franz.

Aus Hans mach' Franz: Kopiere nun den Hans und füge die Kopie wie vorhin in das Bild ein. So hat Franz gleich die richtige Größe.

Da ist die Familie nun vereint: Emma, Hans und Franz. Und Hans und Franz sind blau geworden – klar, es sind ja Jungs!

Weg damit: Radierer und Papierkorb

Den Radierer habe ich mir für den Schluss aufgehoben. Ihn solltest du auf jeden Fall kennen, denn was wäre das Malen ohne Rubbeln?

Natürlich muss deshalb jetzt nicht gleich das ganze schöne Bild kaputtgemacht werden. Aber ein bisschen Proberadieren muss sein. Danach kann man ja alles schnell wieder ungeschehen machen!

Hinter dieser Schaltfläche verbirgt sich der Radierer. Klicke sie an.

Auch das dürfte dir mittlerweile bekannt vorkommen: Beim Klick auf den Radierer erscheint unter der Werkzeugleiste ein kleines Feld, in dem verschiedene Radiererstärken ausgesucht werden können.

Nun werden wir ein bisschen radieren. Wie wäre es denn mit den beiden Vögeln?

Der Radierer funktioniert mit dem Halteklick. Einfach die linke Maustaste festhalten. Dann fährt man über den Bildteil, der ausradiert werden soll. Das geht blitzschnell – und ohne Krümel!

Aber Vorsicht! Achte beim Radieren darauf, dass du mit einem Halteklick – also ohne abzusetzen – jeweils einen Vogel vollständig ausradierst. Erst dann die linke Maustaste loslassen. Und dann kommt der nächste Vogel dran. Warum? Das erkläre ich dir auf der nächsten Seite.

Weg sind die Vögel! Aber nicht lange.

Erinnerst du dich noch, wie man etwas rückgängig machen kann?

Richtig, das ging über das Menü »Bearbeiten«.

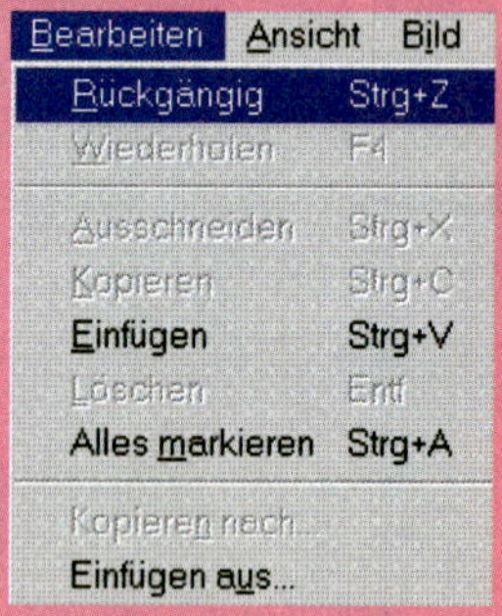

Da gibt es noch etwas, das jeder Paint-Profi wissen sollte:

Man kann mit ***Rückgängig*** *nicht nur die letzte Änderung an dem Bild zurücknehmen. Wenn man gleich noch einmal* ***Rückgängig*** *sagt, wird auch die vorletzte Änderung ungeschehen gemacht. Und auch ein drittes Mal funktioniert das. Aber dann ist Schluss!*

Das ist der Grund, warum ich dir geraten habe, jeden Vogel mit einem Halteklick auszuradieren. Denn einmal Radieren mit Halteklick zählt Paint als eine Änderung. Und nur drei kannst du rückgängig machen.

Und hier fliegen sie wieder.

Natürlich gibt es noch eine andere Möglichkeit, etwas zu löschen. Die hast du sogar schon kennengelernt. Erinnerst du dich noch an das Autobauen? Als du von dem roten Ei, aus dem später Emma wurde, die untere Hälfte glatt abgeschnitten hast? Wie ging das nochmal?

Zuerst das Auswahl–Werkzeug anklicken …

… dann den Bildteil mit dem Halteklick markieren, der gelöscht werden soll …

… und schließlich im »Bearbeiten«–Menü den Befehl »Löschen« anklicken.

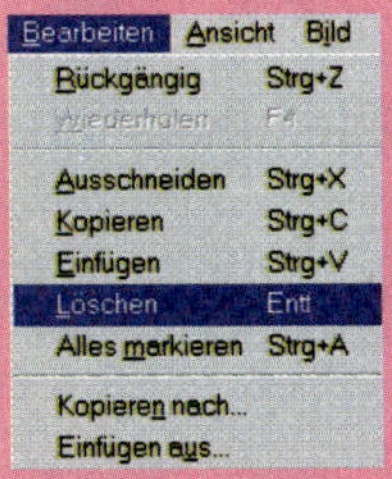

Statt dem Auswahl–Werkzeug kannst du natürlich auch die benachbarte Freihandauswahl anklicken und statt einem Rechteck selber einen Kreis um den unerwünschten Bildteil ziehen.

Alles, was mit dem Befehl »Löschen« aus dem Bild entfernt wird, landet im unsichtbaren Papierkorb von Paint. Von dort ist es nur noch zurückzuholen, wenn man im Menü »Bearbeiten« sofort »Rückgängig« befiehlt.

Anders sieht es aus, wenn du statt »Löschen« den Befehl »Ausschneiden« gibst. Probiere das selbst einmal aus.

Markiere zuerst einen Gegenstand auf dem Bild, zum Beispiel Emma.

Klicke nun im Menü »Bearbeiten« auf »Ausschneiden«.

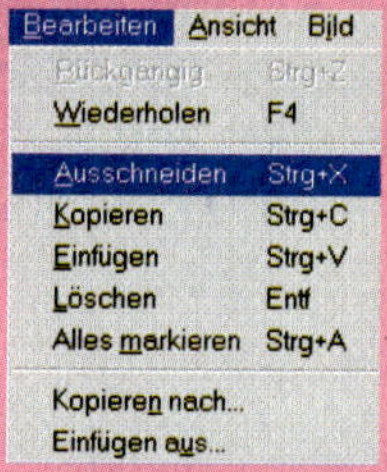

Weg ist die Emma. Aber nur solange, bis sie wieder zurück in das Bild geholt wird.

Mit dem Befehl »Einfügen« ist die gute Emma gleich wieder im Bild.

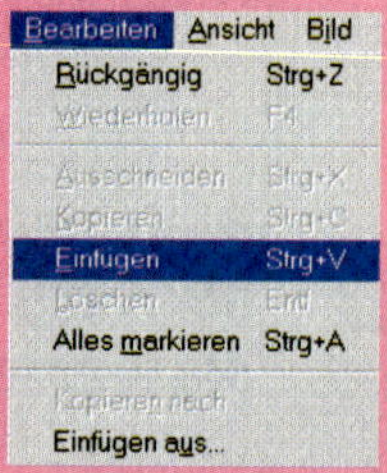

Sieh zu, dass Emma nach ihrem kleinen Ausflug schnell wieder Boden unter den Füßen gewinnt.

Paint kann Emma so lange in seinem Geheimarchiv aufbewahren, bis etwas anderes (z.B. der Baum) ausgeschnitten wird. Dann verdrängt der Baum die gute Emma. Denn im Geheimarchiv ist nur für ein Bild Platz. Emma aber ist dann für alle Zeiten weg.

So wie das Bild jetzt ist, gefällt es mir sehr gut. Vielleicht sollten wir an diesem Punkt mit dem Malen, Ausschneiden, Löschen usw. aufhören. Besser, wir überlegen uns, was wir mit dem Bild anfangen können.

Abspeichern! Sicher ist sicher

Das Wichtigste über das Malen in Paint habe ich dir gezeigt. Und du hast dabei neben den Malübungen noch ein lustiges Bild gemalt, das du wahrscheinlich gerne behalten möchtest. Das kannst du auch. Dein Bild muss nur gespeichert werden, dann ist es jederzeit wieder auf den Bildschirm deines Computers zu rufen.

Was bedeutet abspeichern? Ganz einfach: Der Computer merkt sich das Bild beim Abspeichern genau. So kann er jederzeit dieses Bild wieder herstellen und auf dem Bildschirm darstellen.

Dazu muss das Bild aber einen Namen bekommen, sonst ist es nicht mehr auffindbar. Wie das geht, zeige ich dir gleich.

Zunächst aber solltest du wissen, dass es zwei Möglichkeiten gibt, ein Bild abzuspeichern: nämlich auf Diskette oder auf dem Computer. Ich werde dir beide Arten erklären, und du entscheidest dann selbst, was für dich besser ist.

Sitzt du am Computer deines Vaters oder deiner Mutter? Dann solltest du ihn oder sie fragen, was besser ist. Schließlich sollt ihr euch ja nicht in die Quere kommen!

Abspeichern auf Diskette

Fangen wir mit der Diskette an. Wenn man eine Datei (ein Bild, Text) auf Diskette speichert, kann man sie jederzeit mit zu Freunden nehmen und auf deren Computer aufrufen. Das ist natürlich eine tolle Sache! Und wie geht das?

Ganz einfach! Schiebe als erstes eine Diskette in den Diskettenschlitz Deines Computers.

Klicke in der Paint-Menüleiste auf »Datei« und dann auf »Speichern unter...«.

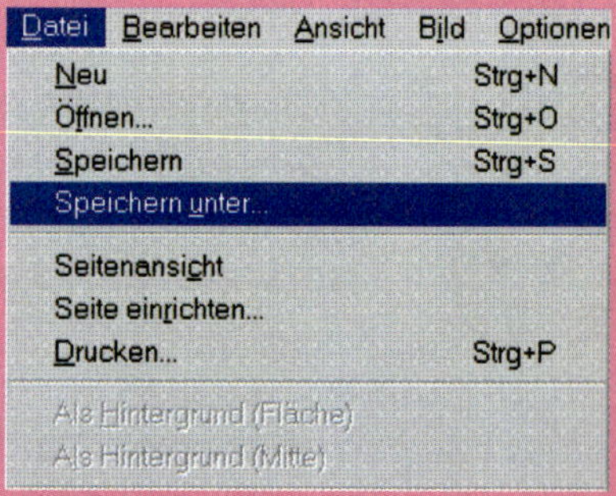

Nun erscheint dieses Fenster auf dem Bildschirm.

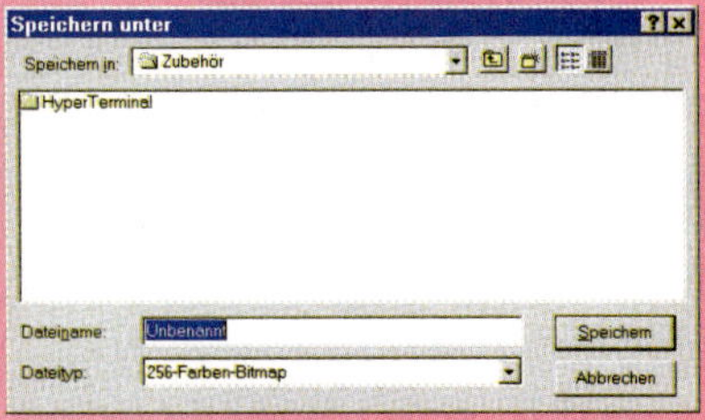

Klicke einmal, zweimal – so oft auf diese Schaltfläche ...

... bis du dieses Bild vor dir hast. Im Feld »Speichern in« muss der Eintrag »Arbeitsplatz« stehen. Dann bist du richtig. Doppelklicke nun auf »3,5– Diskette (A:)«.

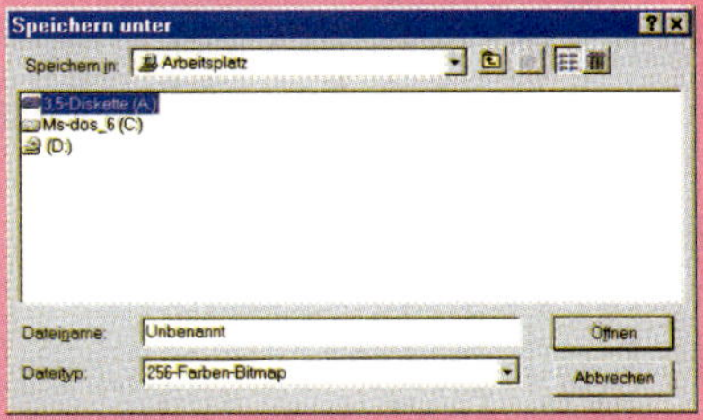

Nun steht im Feld »Speichern in:« der Eintrag »3,5–Diskette (A:)«. Gib jetzt im Feld »Dateiname:« den Namen des Bildes ein: »Max« zum Beispiel.

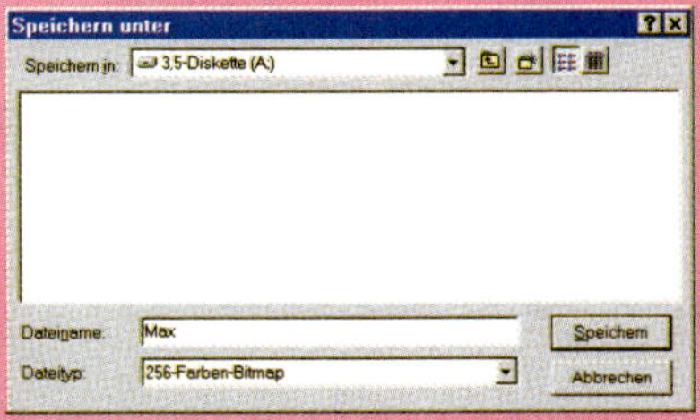

Jetzt nur noch mit einem Mausklick auf die Schaltfläche »Speichern« bestätigen, und das Bild ist auf der Diskette gesichert.

Dein Bild ist nun unabhängig von deinem Computer und auf jedem anderen aufrufbar – sofern dieser das Programm Paint hat.

Ein kleiner Test

So weit, so gut. Jetzt mache ich mit dir einen kleinen Test, um zu sehen, ob du das Bild auf der Diskette auch wieder aufrufen kannst.

Schließe als erstes das Malprogramm Paint. Wie das geht, solltest du eigentlich wissen beziehungsweise dir gemerkt haben.

Du erinnerst dich nicht mehr, wie man Paint beendet? Auf Seite 14 kannst du nachsehen, dort findest du die Lösung.

Rufe nun Paint erneut auf. Auch das solltest du jetzt eigentlich können.

Du kennst nicht mehr den Windows-Weg zu Paint? Auf Seite 12 und 13 ist die Lösung beschrieben.

Lade nun das Bild »Max« von der Diskette in Paint hinein. Wie könnte das wohl gehen?

*Ein Tipp: Das Bild **Max** ist natürlich eine Datei. Also sollte das Menü **Datei** in der Menüleiste die Lösung parat haben.*

Fündig geworden? Für alle Fälle erkläre ich ab hier, wie es weitergeht.

Klicke im Menü »Datei« auf »Öffnen«.

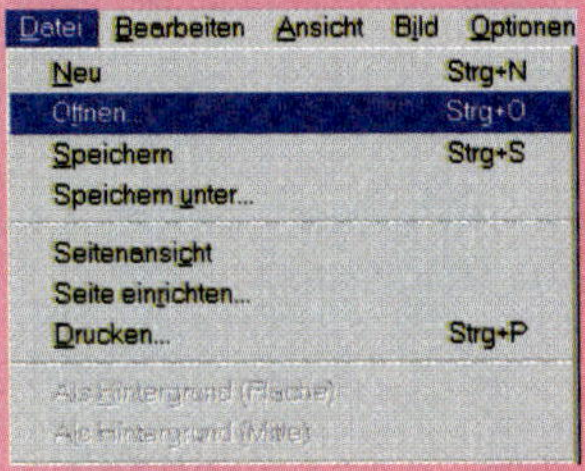

Wie schon beim Abspeichern deines Bildes suche hier zuerst den »Arbeitsplatz« im Feld »Suchen in« ...

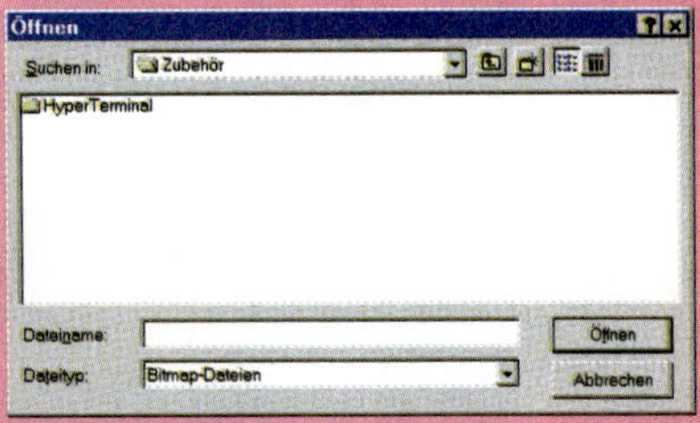

... und zwar mit Hilfe dieser Schaltfläche.

Nun sind wir auf der Diskette (A) angelangt und tatsächlich: Da ist die Datei »Max«. Klicke sie an.

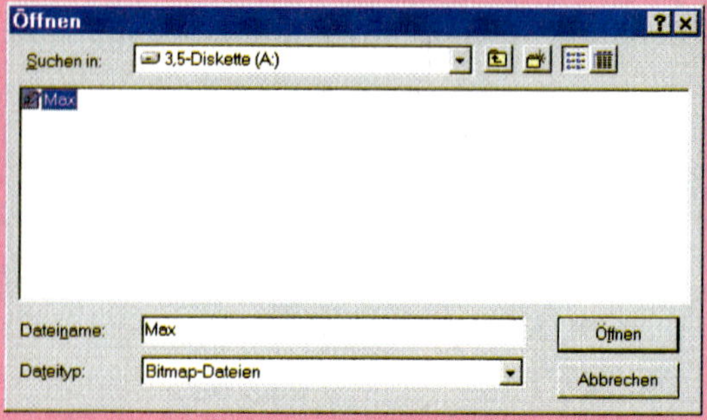

Zu guter Letzt noch ein Klick auf diese Schaltfläche.

Ende gut, alles gut: Da sind Max, Emma, Hans und Franz.

Abspeichern auf dem Computer

Wie funktioniert das Ganze, wenn man das Bild auf dem Computer abspeichern möchte? Wenn das der Computer deiner Eltern ist, dann solltest du sie zu Rate ziehen. Sie sollten zuerst einmal wissen, dass du ein bisschen Platz im Computer für deine Sachen brauchst.

Wenn deine Eltern einverstanden sind, kannst du dir ein wenig Platz auf der Festplatte (C:) ihres Computers schaffen. Dort kannst du dann alles unterbringen, was du malst und schreibst.

Computerprofis nennen das Superhirn des Computers Festplatte. Dort befinden sich alle Programme und natürlich auch alle Dateien.

Schaffen wir zuerst ein wenig Platz auf der Festplatte. Das geht so:

Verkleinere als erstes das Programm Paint mit einem Klick auf diese Schaltfläche.

Blitzschnell verkleinert sich Paint auf diese Schaltfläche in der Statusleiste neben der Start–Schaltfläche.

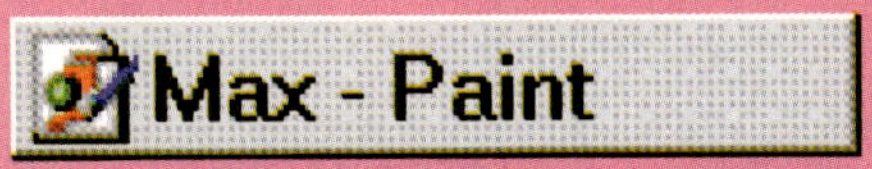

Von dort kann Paint jederzeit mit einem Mausklick wieder aufgerufen werden.

Als nächstes rufen wir den »Explorer« auf. Den findest du, wenn du mit der rechten Maustaste auf die Start–Schaltfläche klickst.

Da ist ja schon der »Explorer« angezeigt! Mit einem Mausklick wird er aufgerufen.

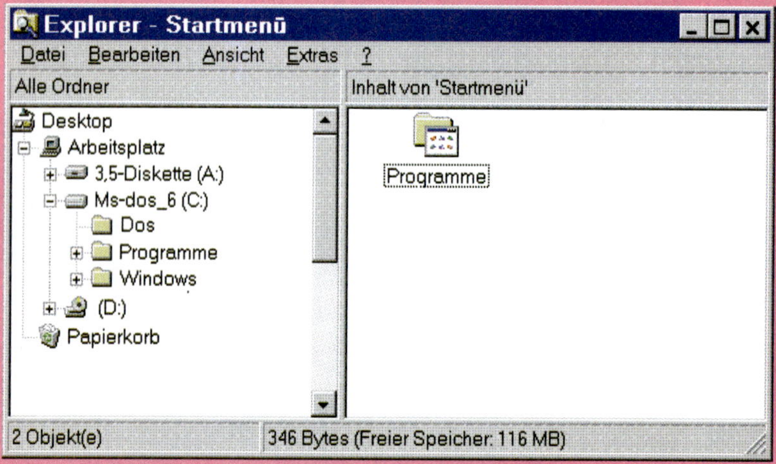

Das ist der Explorer. Und was kann er?

*Der **Explorer** ist ein Programm, das darstellt, was alles in deinem Computer drinsteckt. Und nicht nur das: Er hilft dabei, Dateien zu sortieren und einzuordnen, so dass man nie den Überblick verliert.*

Überprüfe gleich, ob die Symbolleiste da ist. Wenn nicht, dann Klicke auf »Ansicht« in der Menüleiste und dort auf »Symbolleiste«.

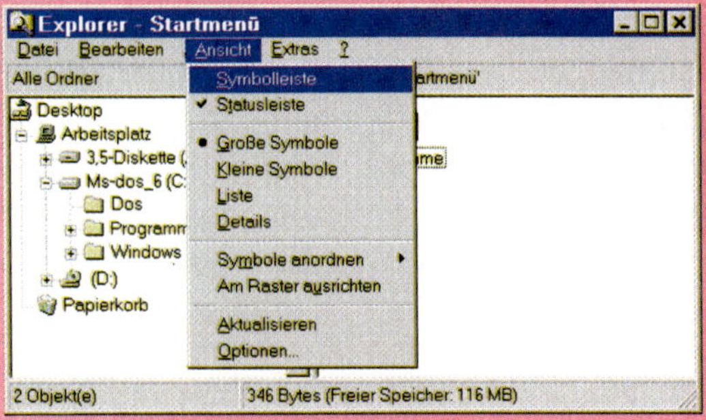

In der Symbolleiste klickst du diese Schaltfläche an. Dann wird alles besser lesbar.

Als nächstes richtest du dir einen eigenen Ordner ein.

Klicke nun im linken Teilfenster die Festplatte (C:) an. Daraufhin erscheint im rechten Teilfenster der Inhalt von (C:).

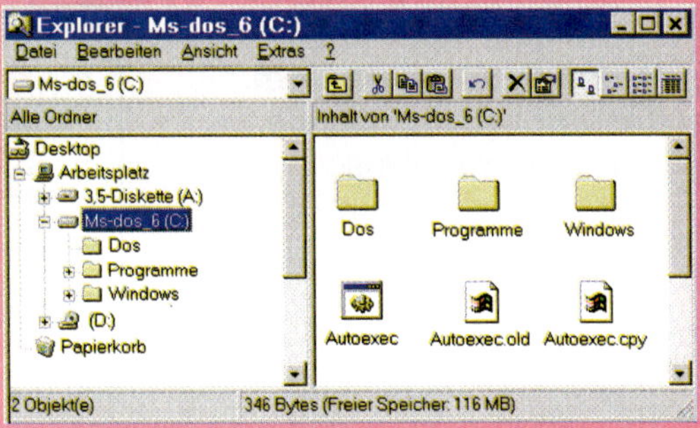

Direkt auf der Festplatte soll nun dein Ordner entstehen – das ist eine Art eigenes Fach für dich, in dem du alle deine Bilder aufbewahren und natürlich auch wiederfinden kannst.

Klicke auf »Datei«, zeige auf »Neu« und klicke dann auf »Ordner«.

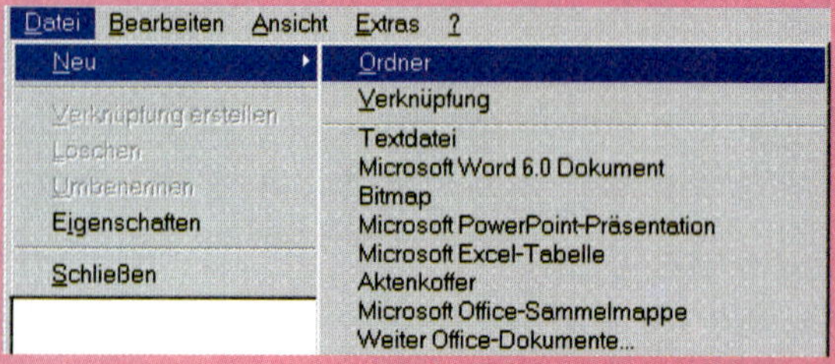

Da ist schon dein neuer Ordner. Er braucht noch einen passenden Namen.

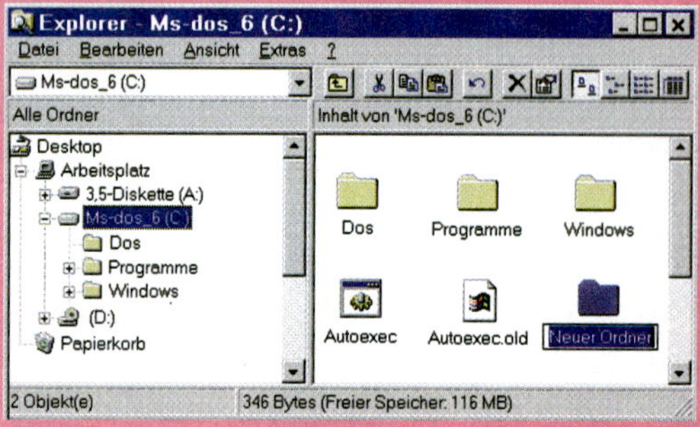

Tippe den Ordnernamen mit der Tastatur. Ich nenne den Ordner nach mir: Chip.

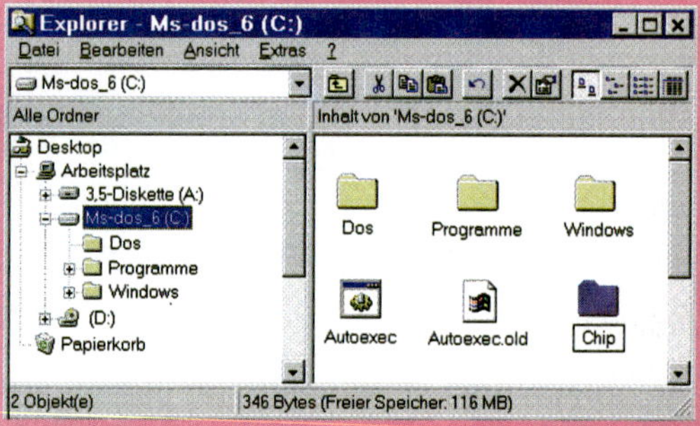

Genug der Vorbereitungen: Jetzt ist alles eingerichtet, um die Bilddatei »Max« auf der Festplatte abspeichern zu können. Und zwar in einem eigens dafür angelegten Ordner, wo du sie jederzeit leicht wieder findest. Schließe nun den Explorer – den brauchen wir nicht mehr.

»Paint« ist schnell aufgerufen: Ein Klick auf diese Schaltfläche in der Start–Leiste genügt.

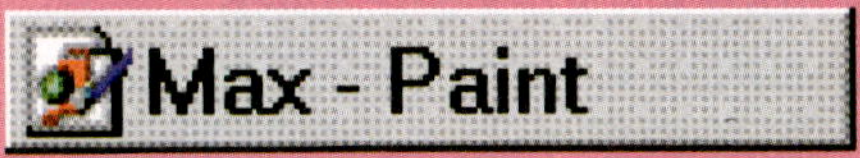

Der Rest ist schnell erzählt, denn du kennst die meisten der Schritte schon, um das Bild abzuspeichern.

Wie schon bei der Diskette sagst du: »Datei« und »Speichern unter«.

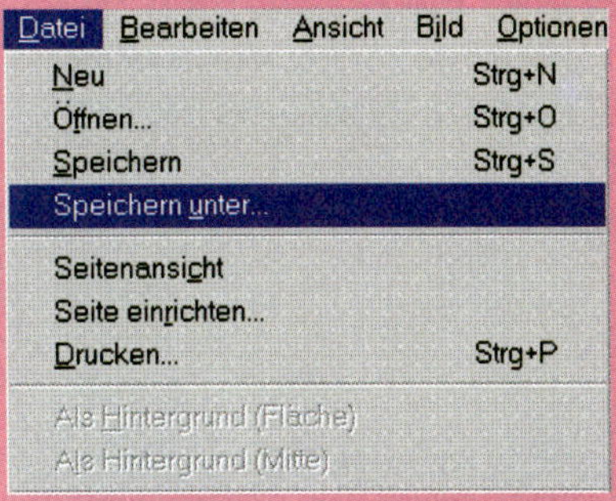

Hier muss nun wieder »Arbeitsplatz« gesucht werden ...

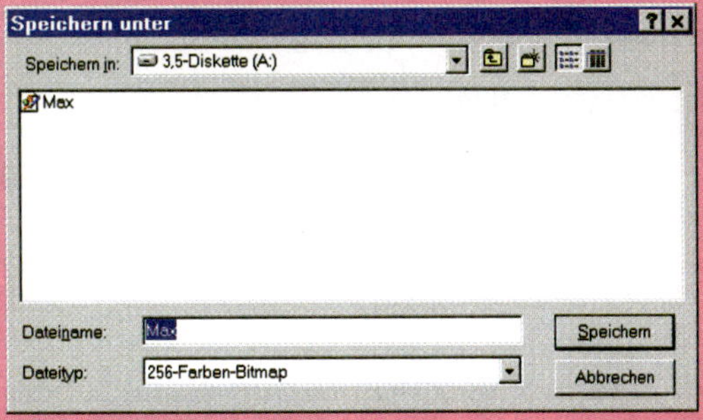

... und zwar mit einem Mausklick auf welche Schaltfläche?

Richtig! Ein Klick auf diese Schaltfläche führt dich zum »Arbeitsplatz«.

Jetzt wird die Festplatte (C:) doppelt angeklickt, denn dort soll ja die Datei abgespeichert werden.

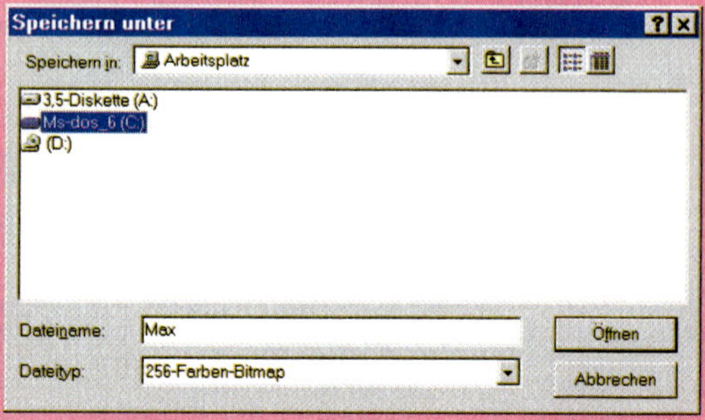

Öffne nun deinen Ordner mit einem Doppelklick.

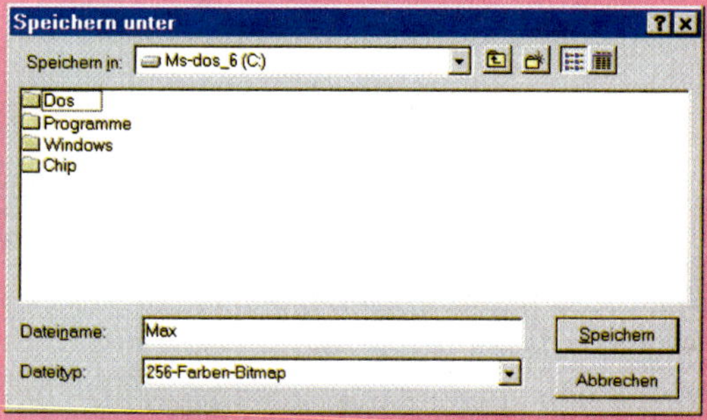

Ist der Dateiname schon richtig eingegeben? Wenn nicht, tippst du ihn in das Feld »Dateiname« ein. Mit einem Klick auf die Schaltfläche »Speichern« beförderst du das Bild »Max« sicher in das Gedächtnis deines Computers.

So sollte das Ganze also aussehen (überprüfe, ob du alles richtig gemacht hast):

Noch ist der Ordner ganz leer. Doch das wird sich nun ändern. Gib im Feld »Dateiname:« den Namen des Bildes ein.

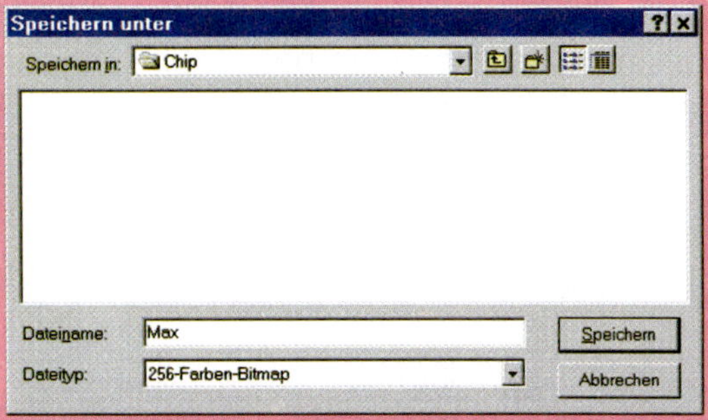

Jetzt speichern! Diese Schaltfläche kennst du ja schon.

So einfach geht's. Nun hast du bereits das Wichtigste rund um das Sichern von Bildern erfahren, und eigentlich gibt es keinen Grund, warum wir uns jetzt nicht endlich die CD mit den vielen versprochenen Bildern ansehen sollten.

Aber vielleicht doch noch ein letzter Rat zum Thema Abspeichern. Ich habe zwar beschrieben, wie man Bilddateien auf Diskette abspeichert. Doch ist die bessere Sicherungsmöglichkeit auf jeden Fall die Festplatte des Computers.

Eine Diskette hat nicht sehr viel Speicherplatz. Für mehrere große, bunte Bilder, wie wir sie schon bald zusammen malen werden, ist dort kein Platz. Deshalb solltest du dir auf deinem Computer auf jeden Fall einen Ordner einrichten.

»Paint« und die CD

Bevor es losgeht

Endlich ist es soweit: Die CD kann ausgepackt werden. Doch bevor wir sie erstmals in den Computer schieben und neugierig einen Blick auf ihren Inhalt werfen, muss ich noch ein paar Erklärungen und Tips zur Behandlung und Pflege der CD loswerden.

Diese so schön silbern glänzende Scheibe wird kurz CD oder CD-ROM genannt.

Obwohl sie genauso aussieht wie eine Musik-CD, ist sie in einem CD-Player fehl am Platze. Denn sie beherbergt nicht Töne, sondern Bilder.

Ein Spielzeug ist die CD auch nicht. Du solltest sie sorgsam behandeln, denn wie viele Dinge kann auch eine CD kaputtgehen!

Was du mit einer CD nicht machen solltest

☺ Lass die CD nicht offen irgendwo herumliegen, wo sie verstaubt. Denn Staub tut ihr nicht besonders gut.

☺ Stelle oder lege nichts direkt auf die CD, vor allem nichts Raues, Kantiges oder Spitzes. Kratzer machen die CD schnell kaputt.

- Kaugummi, Kuchenbrösel, verschütteter Obstsaft und andere Überreste von Ess- und Trinkgelagen – davon sollte die CD verschont bleiben.

- Auf keinen Fall darf die CD auf dem Computergehäuse oder in seiner Nähe liegenbleiben. Der Computer sendet Strahlen aus, die der CD schaden.

- Die CD ist keine Frisbee-Scheibe! Auch wenn sie so aussieht. Und deshalb tut ihr das Rumwerfen auch nicht besonders gut.

- Kein Beschriften und Bemalen der CD! Ich garantiere dir, sie wird es dir krumm nehmen.

Was du der CD Gutes tun kannst

Weil die CD nicht ganz unempfindlich ist, schadet es nicht, wenn du folgende Tips befolgst:

- Suche ihr einen möglichst staubfreien Platz, an dem du sie aufbewahrst: eine Schublade, eine Schachtel oder ähnliches.

- Vielleicht hast Du ja sogar eine leere CD-Hülle übrig. Dort ist der sicherste Platz für sie.

Aber genug der Ratschläge und Tipps! Jetzt kennst du die empfindlichen Seiten der CD und weißt, wie sie behandelt werden sollte. Deshalb nimm nun getrost die silberne Scheibe aus dem Einschub in diesem Buch.

Weißt du, wie die CD in den Computer hineinkommt? Für sie gibt es eine Art Schublade, die auf Knopfdruck herausfährt. Dort hinein wird die CD gelegt und dann in den Computer geschoben.

Wie geht das mit der CD?

Schau dir den Computer mal näher an. Du findest mit Sicherheit schnell das Einschubfach für die CD mit der dazugehörigen Taste zum Öffnen und Schließen.

So ähnlich wird dein Computer mit dem CD-Einschubfach auch aussehen.

Also hinein mit der CD und das CD-Einschubfach gleich per Knopfdruck wieder zugemacht. Mehr ist an Vorbereitung nicht zu tun.

Jetzt zurück zu »Paint«. Als erstes sehen wir uns mal an, was auf der CD drauf ist.

Klicke im Menü »Datei« auf »Öffnen...«.

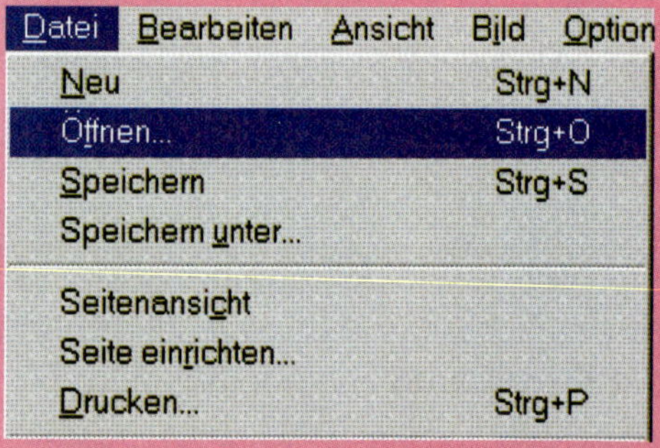

Das Fenster, das daraufhin am Bildschirm erscheint, wird dir wahrscheinlich bekannt vorkommen.

Hier, im Listenfeld »Suchen in:«, steht noch nicht die Bezeichnung für das CD– Laufwerk (D:).

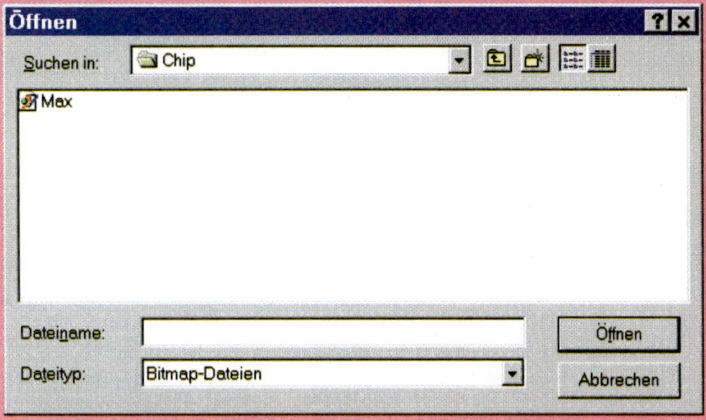

Klicke deshalb so oft auf diese Schaltfläche...

...bis im Listenfeld »Suchen in:« der Eintrag »Arbeitsplatz« zu lesen ist.

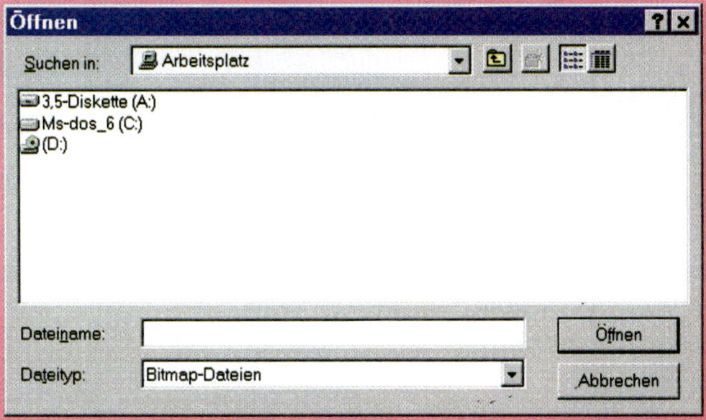

Klicke als nächstes das Laufwerk (D:) an...

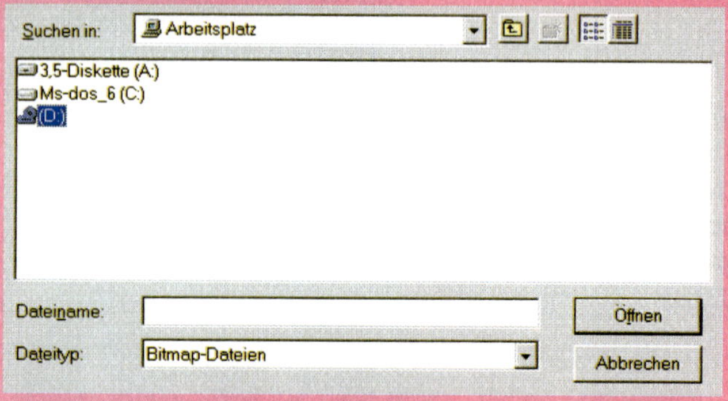

und bestätige deine Wahl mit einem Mausklick auf die »Öffnen«–Schaltfläche.

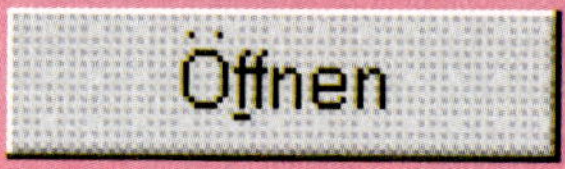

Aha! Endlich eröffnet sich vor deinen Augen die Bilderwelt der CD. In den einzelnen Ordnern sind die Bilder nach Themen sortiert.

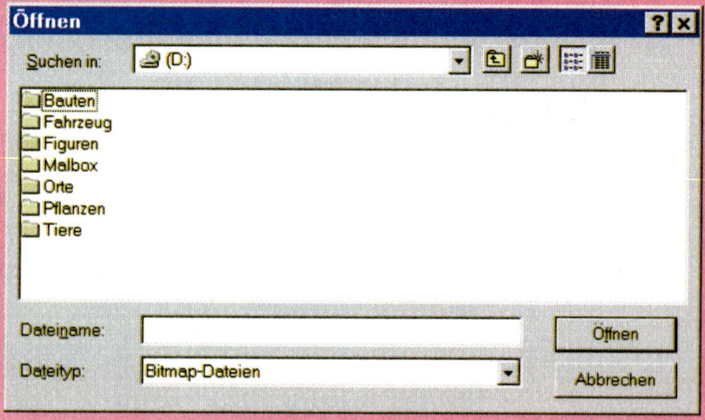

Viele bunte Bilder

Wo willst du denn mal reinschauen? Ich habe einen Vorschlag: Wie wäre es mit dem Ordner »Tiere«?

Markiere den Ordner »Tiere« mit einem Mausklick und bestätige diese Wahl mit der Schaltfläche »Öffnen«.

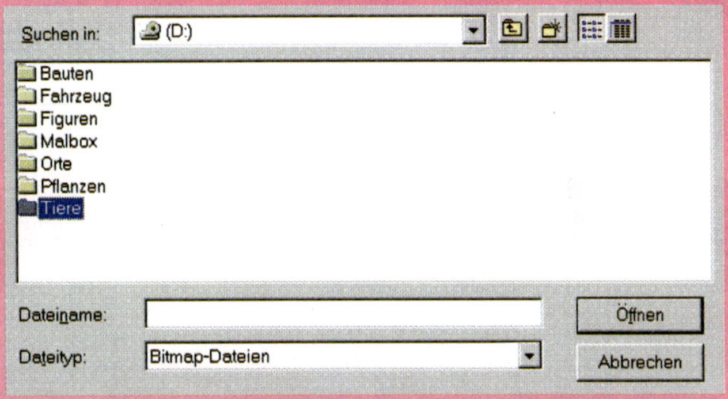

Tja, hier hat man nun die Qual der Wahl!

Welches Tier darf's denn sein? Ich muss dir gestehen: Mich würde das Krokodil jetzt besonders interessieren. Lass es uns doch mal mit ihm versuchen.

Auch hier gilt wieder: Ein Klick auf die Bilddatei »Krokodil«...

...und ein weiterer auf die »Öffnen«-Schaltfläche.

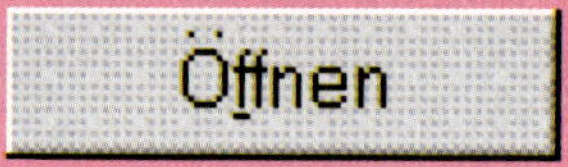

Darf ich vorstellen: Das ist Archibald, ein recht friedlicher Zeitgenosse, erst recht, wenn er gerade gegessen hat.

Und, gefällt dir Archibald? Ich denke, du bist jetzt neugierig geworden und willst sicher noch ein paar andere Bilder anschauen – vielleicht auch aus den anderen Ordnern? Nichts einfacher als das!

Wähle im »Datei«-Menü erneut »Öffnen...«.

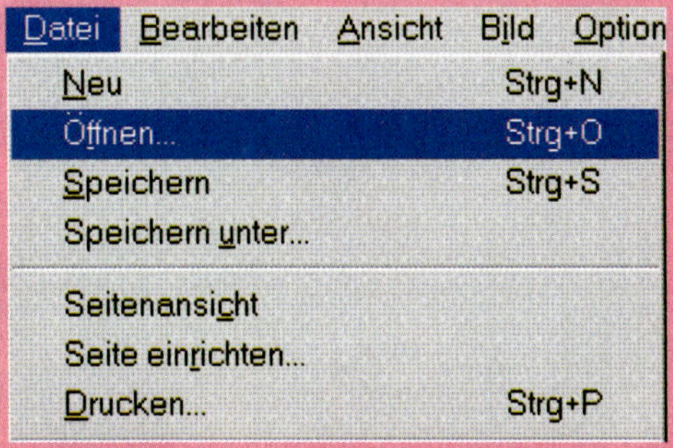

Nun hast du wieder den »Tiere«-Ordner vor dir. Falls du jetzt in einem anderen Ordner schnüffeln willst...

...findest du mit einem Klick auf diese Schaltfläche zurück zu den verschiedenen Ordnern.

Von hier aus kann die Reise wieder losgehen.

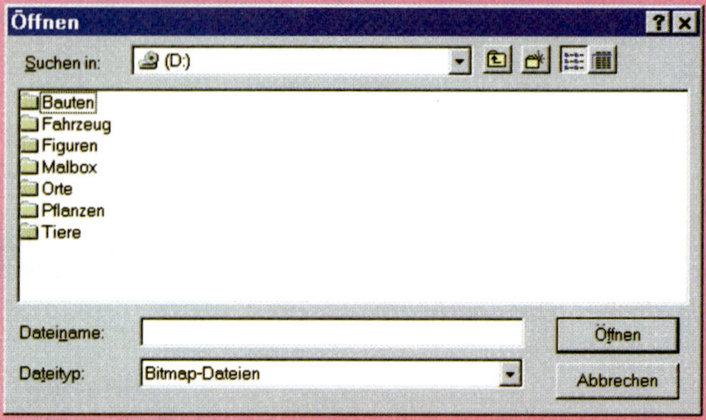

Stöbere ruhig noch eine Weile in den Bildern herum und lerne sie kennen. Mit ihnen werden wir schon im nächsten Kapitel bunte Bilder basteln und malen.

Noch ein Wort zu dem Ordner »Mal_mich«, der sich, zusammen mit den Bildern, in jedem der Themenordner befindet. Dort findest du Bilder, die nur aus Umrisslinien und in Schwarz-Weiß gemalt sind. Mit ihnen werden wir uns später beschäftigen. Auf den folgenden Seiten jedenfalls malen wir erst einmal alles ganz bunt.

Abenteuer malen

Jetzt geht das Malen und Basteln mit den vielen Bildern auf der CD endlich los! Viele spannende Abenteuer erwarten dich in der bunten Bilderwelt von »Paint«. Bist du bereit? Dann aufgepasst: Auf unserer ersten Reisestation lernen wir Bauer Nolte und seinen Bauernhof kennen. Ganz normal geht es bei ihm nicht zu. Du fragst warum? Das erfährst du gleich!

Das Schwein ist los

Für den Bauernhof brauchen wir in »Paint« zuallererst eine weiße, unberührte Malfläche. Sorge auch dafür, dass »Paint« den ganzen Bildschirm ausfüllt, damit für das Bild genug Platz da ist.

Klicke in der Menüleiste auf »Datei« und dann auf »Neu«. Nun ist der »Paint«- Bildschirm leer.

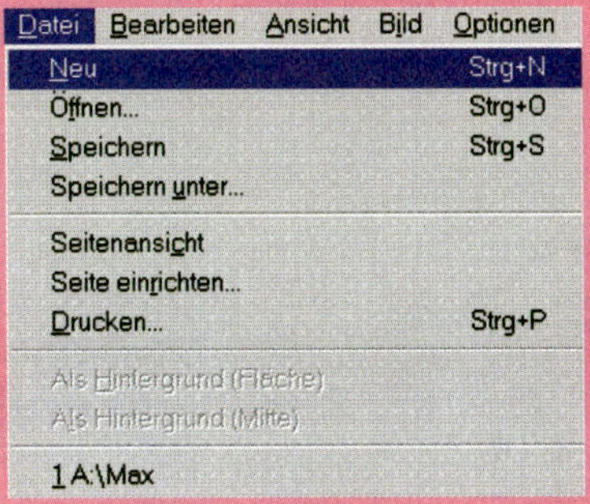

Ein Klick auf diese Schaltfläche, und das »Paint«-Fenster wird so groß wie der Bildschirm.

Jetzt geht's los. Zuerst brauchen wir einen Himmel und ein Fleckchen Erde, auf dem Bauer Noltes Bauernhof stehen wird.

Ein oder zwei kleine Hügel sind auch nicht schlecht – dazu wählst du zuerst den Pinsel.

Die schwarze Farbe eignet sich am besten dazu. Male als erstes den Horizont.

Die Trennlinie zwischen Himmel und Erde muss vom linken bis ganz an den rechten Rand des ***Paint****–Bildschirms gezogen werden. Das wird überprüft, indem die untere Bildlaufleiste einmal ganz nach rechts und wieder nach links geschoben wird.*

Ein paar kleinere und größere Hügel machen sich tatsächlich ganz gut!

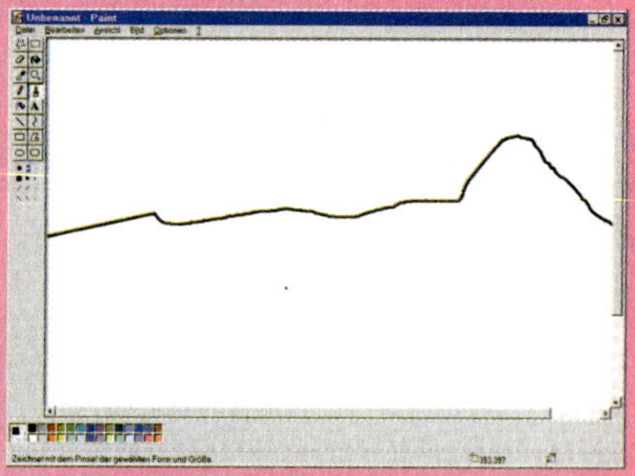

Jetzt wird's bunt. Wähle als nächstes den Farbeimer in der Werkzeugleiste, ...

... suche dir ein schönes Himmelblau in der Farbpalette aus, und schon haben wir einen strahlend blauen Sommerhimmel.

Ein sattes Wiesengrün wird auf die gleiche Weise herbeigezaubert.

Das ist doch die richtige Umgebung für einen Bauernhof, stimmt's? Sehen wir mal nach, welche Bilder auf der CD dazu passen.

Bauer Nolte hat einen wunderschönen alten Bauernhof mit einem Haus aus grauem Stein und schönen blauen Fensterläden. Den suchen wir als erstes.

Das Schwein ist los

Wähle im Menü »Bearbeiten« den Befehl »Einfügen aus…«.

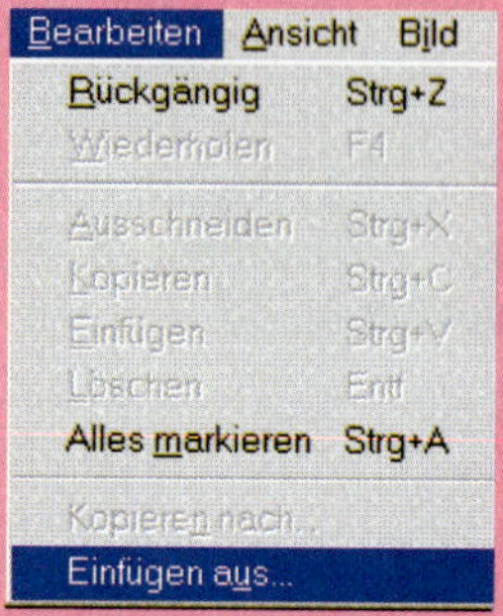

Suche auf der CD im Ordner »Bauten« das Bild »Haus« und füge es in »Paint« ein.

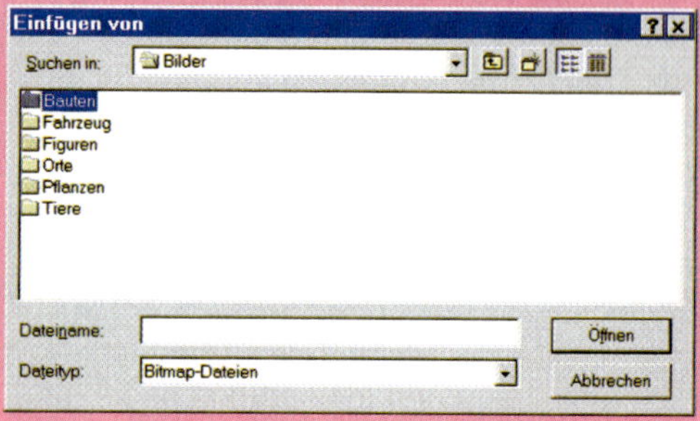

Hoppla, das Haus ist ein wenig groß geraten!

Erinnerst du dich noch daran, wie man ein Bild verkleinert? Und wie man es dann an den richtigen Platz rückt? Schau sicherheitshalber auf Seite 41 nach. Dort ist es ganz genau erklärt.

So ist noch eine Menge Platz für Bauer Nolte und seine Tiere da.

Nun ist es aber höchste Zeit, das neue Bild abzuspeichern. Dann kannst du jederzeit eine Pause einlegen und auch den Computer mal ausschalten, ohne dass du wieder von vorn beginnen musst.

Das Abspeichern von Bildern wird ab Seite 47 erklärt. Also blättere ruhig zurück, wenn du dir nicht mehr sicher bist, wie das geht.

Das Bild ist jetzt sicher »im Kasten«, und wir können uns wieder um Bauer Nolte und seinen Hof kümmern.

Zu einem echten Bauernhof gehört natürlich ein Stall. Wo sollten denn sonst die vielen Tiere schlafen?
Auf der CD sind weder eine Scheune noch ein Stall zu finden. Na, macht nichts, dann wird sie eben gemalt!

*Du musst wahrscheinlich erst wieder in Fahrt kommen beim Malen in **Paint**. Erinnere dich an die vielen nützlichen Werkzeuge: den Radierer, den Farbeimer, die Lupe, den Stift und natürlich die Farbpalette.*

Mit dem Stift–Werkzeug und einer geeigneten Farbe aus der Farbpalette...

...ist schnell der Umriss des Stalls gezeichnet.

Die Stallumrisse müssen jetzt mit Farbe gefüllt und Fenster und Tür aufgemalt werden. Wähle zuerst eine Farbe für das Dach und vergiss auch nicht, den Farbeimer in der Werkzeugleiste anzuklicken.

Mit einem einzigen Mausklick ist das Stalldach im Nu angemalt.

Das gleiche machen wir jetzt noch mit der Stallmauer.

Sieht schon ganz gut aus – nur die schwarze Linie quer über die Stallmauer stört noch. Was kann man da tun?

Eigentlich sollte ein dicker Pinselstrich über die Linie genügen! Erinnerst du dich noch an die verschiedenen Pinselstärken, die man wählen kann, wenn das Pinsel–Werkzeug angeklickt ist?

Wie du siehst, ist hier das Pinsel–Werkzeug angeklickt und die dickste Strichstärke ausgewählt. Mache es genauso.

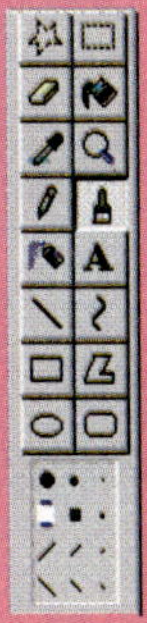

Nun wird der störende schwarze Strich einfach übermalt.

Als nächstes kommen Fenster und Tür dran. Erinnerst du dich noch daran, was man mit dem Ellipsen–Werkzeug machen kann? Zum Beispiel eine Ellipse oder einen Kreis aus einer farbigen Fläche ausschneiden. Das gleiche geht auch mit dem Rechteck–Werkzeug. Wie praktisch: Dann können wir Fenster und Tür sozusagen in die Stallmauer hineinschneiden.

Wähle das Rechteck–Werkzeug und klicke in dem Feld unter der Werkzeugleiste – wie hier gezeigt – die Ausschneide–Möglichkeit an.

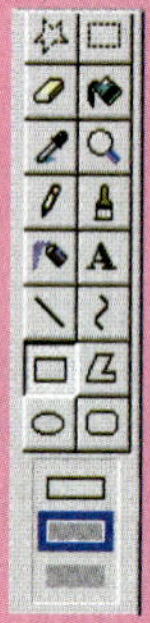

Das Fenster ist mit dem Halteklick schnell ausgeschnitten...

...und mit gelber Farbe ausgemalt – dazu eignet sich der Farbeimer am besten.

Mit der Tür machst du es genauso. Zum Schluss noch ein paar verschönernde Pinselstriche...

...und das Ganze sieht schon ganz passabel aus!

Der Stall steht also. Zugegeben, ein wenig alt und schief sieht er aus, aber drinnen ist es ganz gemütlich.

Neben dem Stall hat Stups, der Hofhund, seine Hundehütte. Du findest sie im Ordner »Bauten« unter dem Namen »Hundhaus«. Einfach einfügen, verkleinern und an die richtige Stelle setzen.

Das Gatter, das den Hof eingrenzt, ist mit ein paar dicken Pinselstrichen schnell gemalt.

Was fehlt uns jetzt noch? Richtig, der Apfelbaum, der hinter dem Stallgebäude wächst (lade aus dem Ordner »Pflanzen« den »Apf_baum«).

Genau unter diesem Baum fand Bauer Nolte den kleinen Stups damals, wie er dasaß und winselte.

Stups hatte sich verlaufen und wusste nicht mehr, wo sein Zuhause war, geschweige denn, wie er dorthin zurückfinden sollte. Aber lange traurig war er nicht darüber, denn bald fühlte er sich unter den Tieren auf dem Bauernhof so wohl, dass er sich ein anderes Leben gar nicht mehr vorstellen wollte.

Den Traktor, mit dem Bauer Nolte damals unterwegs war, als er den verlorenen kleinen Hund auflas, hat er heute noch. Er ist noch ziemlich neu, knallrot – und der ganze Stolz von Bauer Nolte. Keiner seiner Nachbarn hat einen so schönen Traktor wie er.

Jetzt parkt der Traktor auf dem Hof und wartet auf seinen Fahrer (füge aus dem Ordner »Fahrzeug« den »Traktor« in das Bild ein).

Aber wo ist denn Bauer Nolte? Auch von seinen vielen Tieren ist keines auf dem Hof zu sehen. Die liegen wahrscheinlich noch in den Federn oder auf dem Stroh und träumen, denn es ist früh am Morgen.

Nutzen wir doch die kleine Pause und speichern das Bild nochmals ab. Man weiß ja nie, was noch alles kommt!

Dafür genügt jetzt der Schnellbefehl »Datei« und »Speichern«, denn das Bild hat ja schon einen Namen. »Paint« fragt in diesem Fall nicht nach dem Dateinamen.

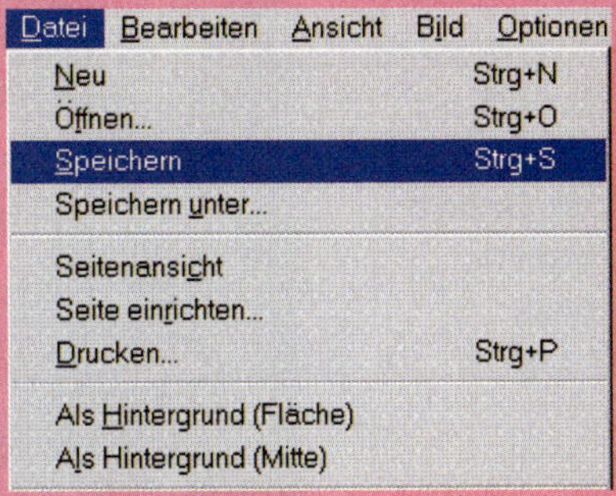

Der Tag beginnt

Da, endlich geht die Sonne über dem Hügel auf. Jetzt kann der Tag eigentlich beginnen!

Die Sonne schaut gleich mal nach, was sich bei Bauer Nolte so tut.

...und tatsächlich: Stups ist schon aufgestanden (füge aus dem Ordner »Tiere« den »Hund« in das Bild ein).

Wie, noch keiner da? Wundert sich Stups. Dabei wollte Bauer Nolte heute doch so viel erledigen!

Aber da biegt Bauer Nolte schon um die Ecke mit einem Besen in der Hand (füge aus dem Ordner »Figuren« den »Bauer« in das Bild ein).

Aha, die Langschläfer sind also die anderen, denkt Stups. Guten Morgen, Stups, sagt Bauer Nolte. Wir bekommen heute Besuch aus der Stadt. Meine Enkelkinder Lisa und Tim wollen vorbeischauen. Da müssen wir noch ein bisschen aufräumen.

Und da ist auch Katta, die einzige Katze auf dem Hof, aufgetaucht und lässt sich die Sonne aufs Fell scheinen (füge aus dem Ordner »Tiere« die »Katze« in das Bild ein).

Ganz weit weg von Stups hat sie sich hingelegt, denn die beiden können sich nicht besonders gut leiden. Aber seit wann mögen sich Katzen und Hunde denn auch?
Stups würdigt Katta keines Blickes. Und Katta macht einfach die Augen zu. Dann muss sie ihn nicht anschauen.

Das scheint ein schöner Tag zu werden, meint Bauer Nolte jetzt. Nun fangen auch die Hühner im Stall zu gackern an.

Da trippelt die Hühnerdame Berta mit zierlichen Schritten auf den Hof (füge die »Henne_gr« in das Bild ein). Sie wirft einen kurzen Blick auf die anderen...

... und dreht ihnen dann schnippisch den Rücken zu – sie hat wohl schlechte Laune, wie so oft.

Berta umzudrehen, ist ganz einfach. Klicke im Menü »Bild« auf »Drehen/Spiegeln…«.

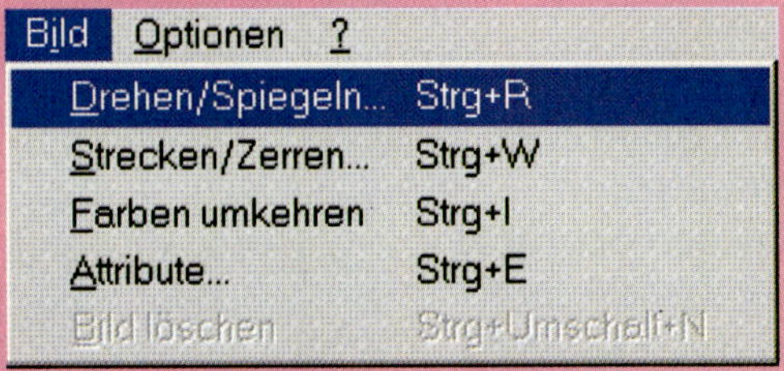

Hier muss nur »Horizontal spiegeln« markiert…

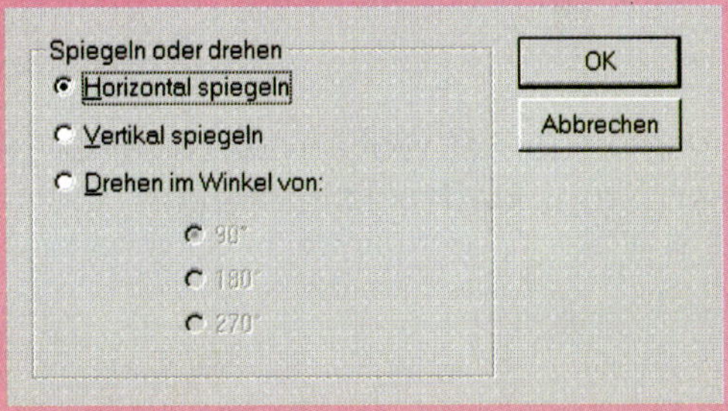

…und mit der »OK«–Schaltfläche bestätigt werden.

Guten Morgen, Berta, sagt Bauer Nolte gutmütig. Ist denn die Minna auch schon wach? Er weiß, wo Berta ist, kann Minna nicht weit sein.

Aber da kommt Minna schon, gleichen Schrittes wie Berta – und genauso schlecht gelaunt (füge die »Henne_br« in das Bild ein).

Mit euch beiden ist wohl nicht zu reden heute, seufzt Bauer Nolte. Diese Hühner! Stups kläfft zustimmend.

Genau, kräht der Gockel Archibald, flattert aus dem Stall und lässt sich auf dem Dach von Stups´Hütte nieder. Diese Hühner treiben mich noch mal zum Wahnsinn!

Empört gackern Berta und Minna auf. Kein Streit, ruft Bauer Nolte. Dazu ist keine Zeit! Ich sagte gerade schon zu Stups, dass heute meine beiden Enkelkinder aus der Stadt zu Besuch kommen.

Wir müssen alle mit anpacken und den Hof aufräumen. Also vertragt euch! Und keiner macht sich aus dem Staub. Es gibt genug zu tun.

Wo ist denn übrigens Willi Rüssel? Bauer Nolte sieht sich um. Liegt der etwa noch faul im Stroh? Na, dem werd' ich helfen. Der muss mir beim Ausmisten helfen. Und holt mir die Rosa aus dem Stall. Sie soll das Gras auf dem Hof kurz abbeißen. Es ist schon wieder so gewachsen.

Mäh, macht Rosa und kaut schon an den ersten Grasbüscheln. Kein Problem, Chef (füge das »Lamm_ros« in das Bild ein).

Alle machen sich an die Arbeit. Bauer Nolte hat schon den Mist fein säuberlich auf einen großen Haufen aufgeschichtet (füge aus dem Ordner »Orte« den »Misthauf« in das Bild ein).

Das Schwein ist los

Nur von Willi Rüssel ist weit und breit nichts zu sehen, weder sein Ringelschwänzchen noch seine rosarote Schweinsnase. Und auch kein Grunzen war bislang zu hören. Bauer Nolte ist sauer. Auf der faulen Haut liegen, das könnte dem so passen.

Inzwischen ist es Mittag geworden. Die Sonne steht jetzt hoch am blauen Himmel.

Wie geht das noch mal mit dem Verschieben von einzelnen Bildelementen? Erinnerst du dich noch daran? Wenn nicht: Die Lösung findest du auf *Seite 32 beschrieben.*

Ziehe mit dem Halteklick einen Freihandrahmen um die Sonne.

Nun lässt sich die Sonne im Bild verschieben.

Über dem Stall steht sie ganz gut. Aber was ist mit dem weißen Fleck, dort, wo die Sonne vorher am Himmel hing?

Der weiße Fleck ist für einen »Paint«-Profi natürlich kein Problem. Ein Eimer voll himmelblauer Farbe füllt ihn im Nu.

Das Schwein ist los

Und noch immer keine Spur von Willi Rüssel. Bauer Nolte ist ratlos. Im Stall ist er auch nicht. Wo kann man ihn denn noch suchen?

Doch da ist der erwartete Besuch, und Bauer Nolte vergisst kurzzeitig sein Schwein. Tim und Lisa kommen auf den Hof gelaufen.

Tim und Lisa kommen zu Besuch

Tim und Lisa werden wir jetzt nicht einfach in das Bild hineinmalen. Die beiden sollen vielmehr als Einzelbilder abgespeichert werden. So können sie in jedes Bild, das du malst, eingefügt werden, genau wie die Bilder von der CD. Auf diese Weise begleiten sie dich auch bei anderen Bildergeschichten.

Speichere zuerst das Bauernhof-Bild so, wie es jetzt ist, ab.

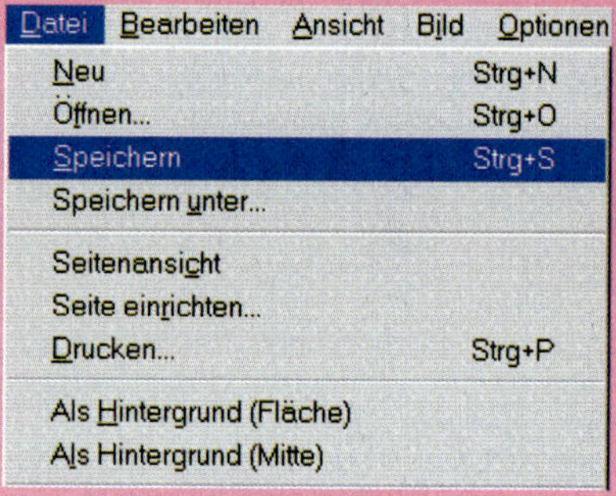

Nun ist der Bauernhof gesichert, und wir können in aller Ruhe ein neues Bild malen.

Klicke als nächstes im »Datei«-Menü den Befehl »Neu« an.

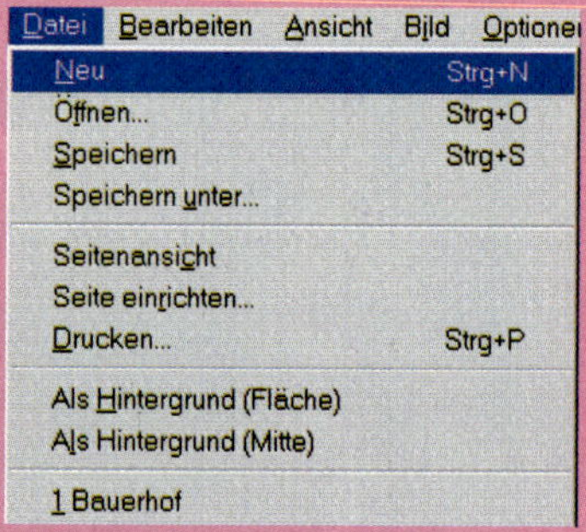

Dieser Anblick ist dir mittlerweile vertraut: der leere »Paint«–Bildschirm.

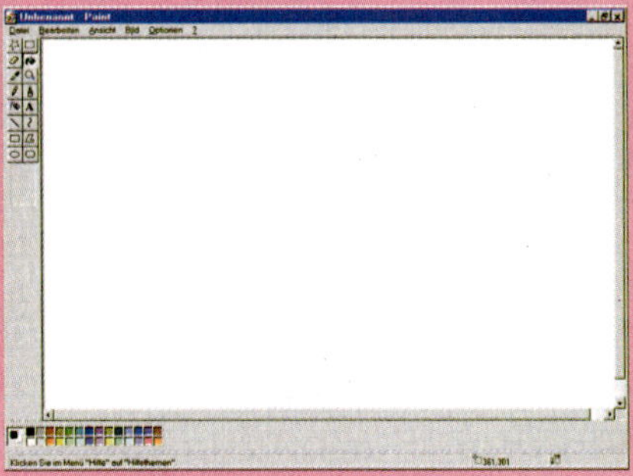

Jetzt kann das Zeichnen losgehen. Wen von den beiden Kindern malen wir zuerst? Ich schlage vor, wir beginnen mit Tim.

Also den schwarzen Umrissstift ausgepackt, und los geht's! Zeichne Tim möglichst in die linke obere Ecke des »Paint«–Bildschirms.

Und, kann Tim sich so sehen lassen? Ein bisschen Farbe stünde ihm schon gut, oder?

So sieht Tim schon besser aus. Und für den Besuch bei Bauer Nolte ist er auch richtig angezogen.

Vor dem Abspeichern des Bildes solltest du es noch ein bisschen verkleinern. Denn mit einem kleinen Bild kann man viel besser umgehen. Die Bildgröße wird folgendermaßen verändert:

Klicke im Menü »Bild« auf »Attribute...«.

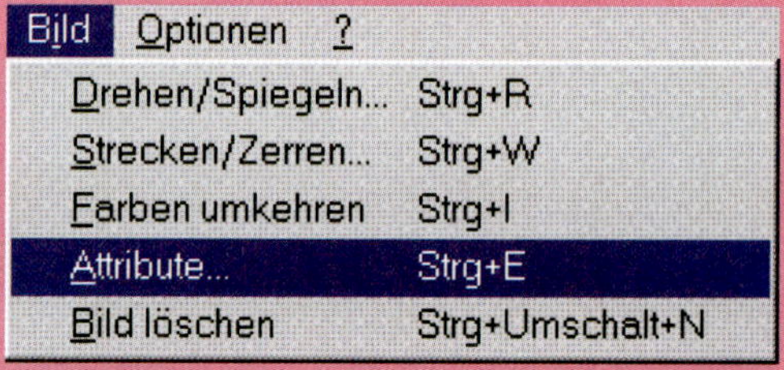

In den Feldern »Breite« und »Höhe« wird die Bildgröße in Zentimetern angegeben. Hier musst du abschätzen, wie groß dein Tim, von der linken oberen Bildecke gemessen, ist.

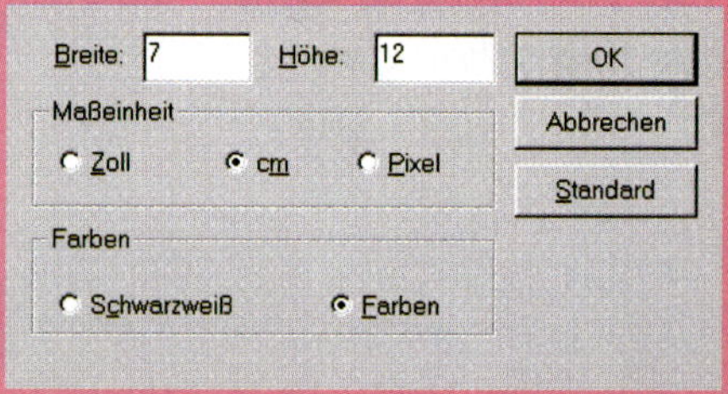

Sei vorsichtig beim Verändern der Bildgröße. Verkleinere das Bild erst einmal nicht zu sehr, sonst kann es passieren, dass du Tim die Beine oder den Arm abschneidest.

Bestätige mit einem Mausklick auf die »OK«-Schaltfläche die neue Bildgröße.

Hat es geklappt? Dann sollte das Bild in »Paint« jetzt so ähnlich aussehen.

Ist die Größe deines Bildes in Ordnung? Wenn ja, kann es eigentlich gleich abgespeichert werden. Wo du es abspeicherst – ob auf einer Diskette oder auf der Festplatte des Computers – das bleibt dir überlassen.

Ich rate dir allerdings, Tim am selben Ort abzuspeichern wie den Bauernhof. So bleiben alle deine Bilder zusammen.

Das Schwein ist los

Machen wir noch einmal alle Schritte zum Abspeichern des neuen Bildes gemeinsam.

Klicke im Menü »Datei« den Befehl »Speichern unter...« an.

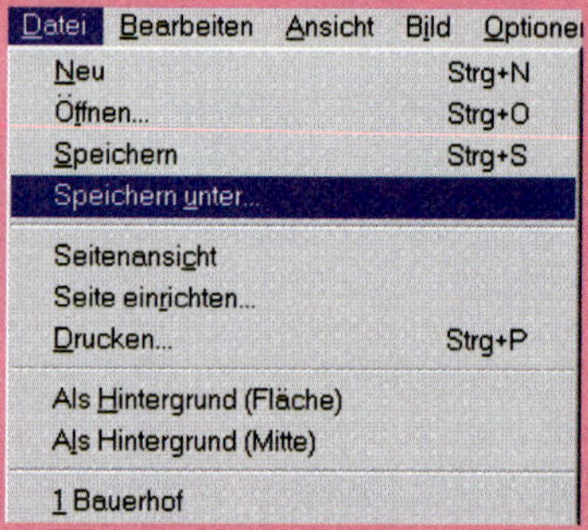

Gib den Namen des Bildes – ich nenne es einfach »Tim« – im Feld »Dateiname« ein.

*Vorsicht! Überprüfe vor dem Abspeichern stets, dass auch der richtige Ordner im Feld **Speichern in:** steht.*

Ansonsten musst du deinen Ordner erst suchen. Brauchst du dazu eine Erinnerungshilfe? Dann blättere zurück auf Seite 47. Dort ist das Abspeichern auf Diskette und Computer erklärt.

Nun kannst du den Speicherbefehl geben.

So, Tim haben wir; jetzt fehlt noch seine nette Schwester Lisa. Um sie zu zeichnen und als Bilddatei abzuspeichern, machst du alles genauso wie bei Tim.

Also wirf Tim runter vom Bildschirm, damit Platz ist für die kleine Lisa...

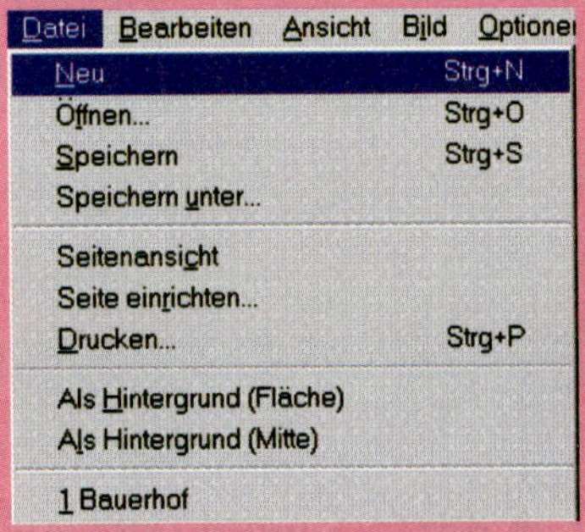

...und nun frisch ans Werk! Wie praktisch: Die Bildgröße ist von Anfang an so wie bei Tim.

Lisa ist übrigens die kleine Schwester von Tim. Sie ist gerade in die Schule gekommen und ist immer begeistert, wenn sie mit ihrem Bruder mitdarf.

Da ist Lisa schon. Aber auch sie braucht noch ein wenig Farbe.

So können wir Lisa wohl losschicken zu Bauer Nolte und seinen Tieren.

Das fertige Bild von Lisa muss natürlich auch abgespeichert werden.

Achtung: Lisa gehört natürlich – genauso wie das Bild von ihrem Bruder Tim – in denselben Ordner wie deine anderen Bilder.

Sobald Lisa im richtigen Ordner versorgt ist, brauchen wir sie und Tim auch schon wieder für den Besuch auf dem Hof von Bauer Nolte.

Rufe im »Datei«–Menü das Bild »Bauerhof« auf..

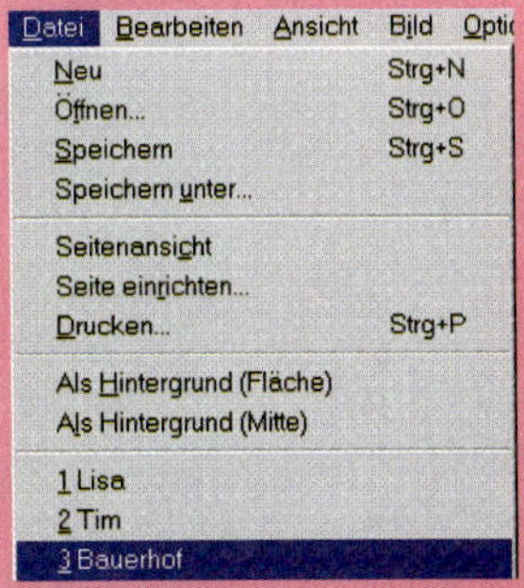

Also zurück zu Bauer Nolte. Du bist bestimmt schon neugierig, was noch alles passiert, wenn Tim und Lisa kommen.

Da sind wir wieder auf dem blitzeblank aufgeräumten Bauernhof.

Das Schwein ist los

Ja, und jetzt kommen endlich Tim und Lisa, die beiden Enkel von Bauer Nolte. Zuerst erscheint Tim, der ältere der beiden Geschwister.

Opa Nolte! Ruft Tim. Wir sind da! Wie geht es dir? Schön, dass du hier bist, sagt Bauer Nolte. Mir geht es gut. Aber wo ist denn die kleine Lisa?

Doch da ist Lisa auch schon und freut sich.

Opa Nolte, sag doch nicht immer kleine Lisa zu mir. So beklagt sich Lisa. Ich bin schon groß.
Natürlich, du hast recht, Lisa, beschwichtigt Bauer Nolte. Was wollt ihr beide heute denn gerne unternehmen?
Mit Willi Rüssel spielen! Rufen die Kinder. Wir hatten das letzte Mal soviel Spaß mit ihm!

Gerade erzählt Bauer Nolte, dass Willi Rüssel unauffindbar ist, als es plötzlich laut quieckt.

Da ist ja Willi Rüssel, rufen die beiden Kinder.

(Lade das »Schwein« aus dem Ordner »Tiere« in das Bild).
Willi! Ruft auch Bauer Nolte streng. Wo hast du den ganzen Tag gesteckt? Und was, bitte schön, soll dieser komische Aufzug? Ein Schwein in Menschenkleidern. So was hat die Welt noch nicht gesehen!

Ich war geschäftlich unterwegs, antwortet Willi Rüssel würdevoll. Meinen neuen Partner habe ich auch mitgebracht.

Das Schwein ist los

Ich hör' immer nur: geschäftlich, brummt Bauer Nolte. Du spinnst, mein lieber Rüssel.
I wo, spricht das Schwein triumphierend. Ich mach' jetzt Karriere. Und hier ist mein neuer Partner, Leo, der Löwe.

Da rufen alle erschreckt: Ein echter Löwe? Klar, sagt Willi Rüssel lässig, ein echter. Darf ich vorstellen?

Kaum haben sich alle versehen, sitzt Leo, der Löwe, mitten unter ihnen und blinzelt gutmütig in die Runde.

Berta und Minna rennen gleich aufgeregt im Kreis, und jede versucht, sich hinter der anderen zu verstecken. Katta macht ihren bekannten Katzenbuckel und kann sich nicht entscheiden, in welche Richtung sie fliehen soll. Und Rosa, das rosarote Schaf, steht auf seinen zitternden, dünnen Beinchen wie auf Stelzen und ist der Ohnmacht nah.

Ist der Löwe zahm? Fragt Lisa mit einer Piepsstimme. Er guckt doch eigentlich ganz nett!

Selbstverständlich, brummt Leo. Ich bin schließlich vom Zirkus und an Menschen sehr gewöhnt.

Bauer Nolte zieht die Stirn in Falten. Willi Rüssel, sagt er streng. Raus mit der Sprache, was soll der Auftritt? Siehst du nicht, dass Berta, Minna und Rosa zu Tode erschrocken sind?

Ich mach' jetzt Karriere, sagt Willi Rüssel trotzig. Ich geh' mit Leo zum Zirkus. Das Leben auf dem Bauernhof ist mir auf Dauer zu langweilig.

So so, zum Zirkus. Und du meinst, die Zirkusleute können ein rosarotes Hausschwein gebrauchen? Bauer Nolte schüttelt den Kopf.

Das Schwein ist los

Tim fragt Leo, den Löwen: Was machst du denn im Zirkus?
Ich springe durch brennende Reifen, antwortet Leo. Ich balanciere auf schmalen Latten hoch über dem Manegeboden und wälze mich auf dem Boden, wenn mein Dompteur es will.

Und was kannst du, Willi Rüssel? Was willst du denn für eine Nummer im Zirkus vorführen? Tim schaut das Schwein fragend an. Meinst du, die wollen dich dort überhaupt?

Was ich kann? Willi Rüssel kratzt sich am Kopf und sieht plötzlich ganz niedergeschlagen aus. Tja, ich kann... ich kann...

Du kannst ganz wunderbar grunzen, ruft da Lisa. Und dich im Stroh wälzen... und mich auf dir reiten lassen... und lustige Geschichten erzählen! Du gehörst hierher, Willi!

Leo, der Löwe, hat aufmerksam zugehört. Das kleine Mädchen hat recht, brummt er. Du kannst froh sein, dass dich hier alle mögen.
Beim Zirkus ist das Leben hart. Viel Arbeit, und ab und zu nicht genügend zum Beißen. Das Publikum klatscht nur, solange ich kräftig bin. Aber was ist, wenn ich alt werde?

Na ja, seufzt da Willi Rüssel, na ja. Vielleicht sollte ich... das doch noch einmal überdenken?

Bauer Nolte sagt: Leo hat sicher recht, er kennt den Zirkus schließlich genau. Aber wenn dir hier manchmal langweilig ist, dann kannst du gerne Zirkus spielen. Lisa und Tim machen sicher gerne mit, und die anderen auch.

Und so wird dieser Tag noch ganz lustig auf Bauer Noltes Hof.

Alle sind froh, dass Willi Rüssel doch bleibt, und Leo, der Löwe, verspricht, bald wiederzukommen. Bevor er geht, lädt er alle zu seiner nächsten Vorstellung in den Zirkus ein. Ende gut, alles gut.

Vom Bildschirm aufs Papier?

Der Drucker macht's

Auf dem Bildschirm sieht das Bauernhof–Bild jetzt richtig klasse aus. Wahrscheinlich hast du deshalb auch schon daran gedacht, es mal auszudrucken – sofern du einen Drucker hast.

Nun, das mit dem Ausdrucken ist so eine Sache. Wahrscheinlich ist dein Drucker ein Schwarzweiß–Drucker. Das heißt aber, dass Bilder, die am Bildschirm schön bunt sind, auf dem Papier dann schwarz, grau und weiß erscheinen. Schade drum! Nur wer einen Farbdrucker besitzt, hat Freude an einem Ausdruck.

Aber ich habe mir etwas ausgedacht, damit du in jedem Fall zu einem Ausdruck kommst – und noch dazu zu einem bunten.
Ich habe nämlich zu fast allen Bildern auf der CD...

eine farbige Version...

...und eine, die nur aus Umrisslinien besteht.

Du findest sie in den Ordnern mit dem Namen »Mal_mich«, die sich in den Themenordnern auf der CD befinden.

Mit diesen Umrissen von der CD können Bilder am Computer gebastelt und gemalt und schließlich davon Ausdrucke gemacht werden. Diese können dann wunderbar mit Holz–, Filz–, Wasserfarben oder Wachsmalstiften ausgemalt werden.

Das Bild von Bauer Nolte und seinen Tieren ist also eher ein Computerbild. Aber schon bei unserem nächsten Bilderabenteuer hast du die Wahl, ob du bunt malst oder die Umrissbilder für einen Ausdruck nimmst.

Wohin aber geht unsere Reise jetzt? Vielleicht haben dich die beiden Bilder auf der letzten Seite ja schon auf eine Idee gebracht!

Die grünen Männchen kommen

Abenteuer auf dem Jupiter

Weit weg von Bauer Nolte und seinem Bauernhof führt uns jetzt unsere Reise. Mit großem Getöse hebt unsere Rakete ab, und in Sekundenschnelle entführt sie uns ins Dunkel des Weltalls. Unser Ziel: der Planet Jupiter.

Treffen wir also jetzt gleich unsere Vorbereitungen.

Zunächst brauchen wir eine leere Zeichenfläche. Wähle also im »Datei«-Menü den Befehl »Neu«.

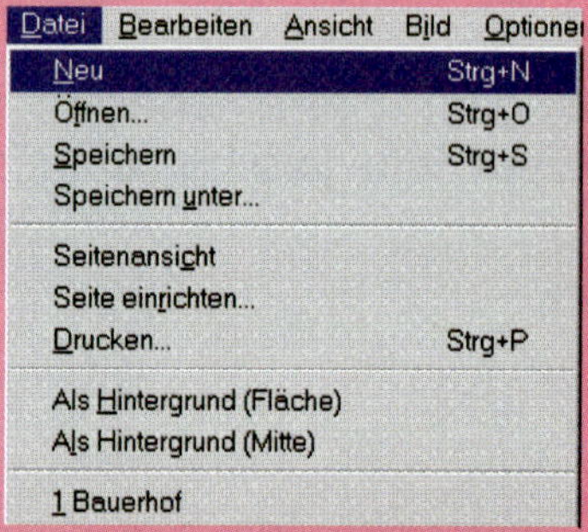

Sieht die Malfläche auf deinem Bildschirm so ähnlich aus? Dann muss sie vergrößert werden.

Wie vergrößert man diese Malfläche am schnellsten über den ganzen »Paint«-Bildschirm?

Nichts leichter als das! Die Computermaus hilft dir dabei, die Malfläche in die Breite und die Länge zu ziehen.

Zeige auf den kleinen blauen Punkt am Rand der Malfläche. Nun verwandelt sich der Mauspfeil in einen Doppelpfeil. Mit dem Halteklick wird die Malfläche jetzt bis zum Rand des »Paint«– Rahmens gezogen.

Nun kann's losgehen. Wir fliegen bereits eine ganze Weile durch das Weltall, und der Planet Jupiter kommt näher. Durch das Fenster unserer Rakete können wir ihn bald erkennen.

Zuerst brauchen wir den Stift. Mit ihm zeichnen wir die Oberfläche des Jupiters.

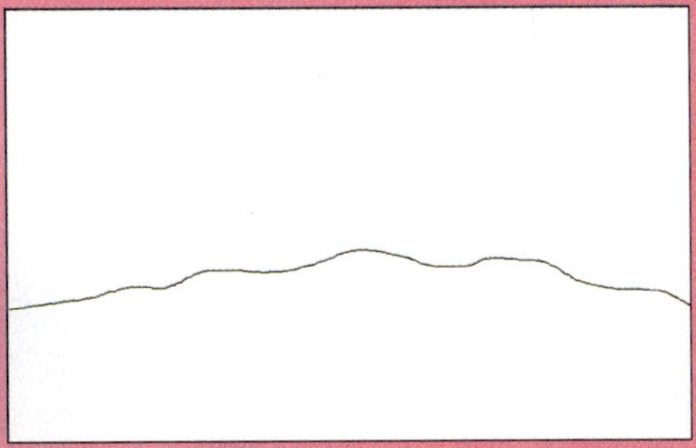

Denke auch bei diesem Bild daran, die Linie ganz bis an den Rand der Malfläche zu ziehen. Überprüfe das ruhig mit der Lupe. Sonst klappt es mit dem Einfärben der beiden Bildhälften möglicherweise nicht!

Grau ist die Oberfläche des Jupiters. Wähle diese Farbe aus der Farbpalette und färbe die untere Bildhälfte damit ein.

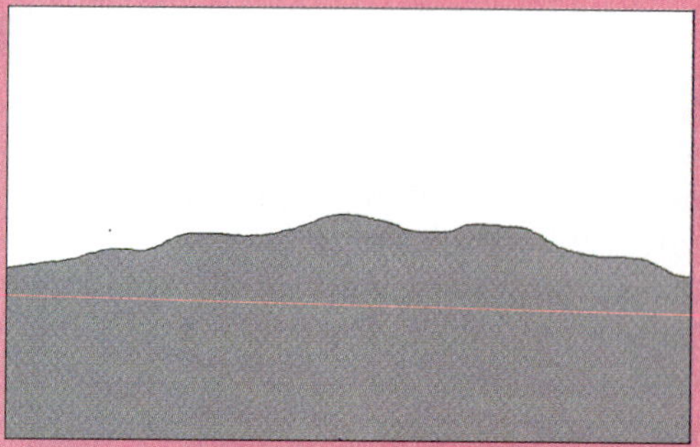

Über dem kalten Geröll des Planeten wölbt sich das Dunkelblau des Weltalls.

Und rundherum blitzen die vielen Sterne – Planeten wie Jupiter auch.

Ganz nah sind wir mittlerweile herangekommen. Die Landung steht kurz bevor. Aber was entdecken wir plötzlich durch das Fenster?

Klicke im »Bearbeiten«–Menü auf »Einfügen aus...«.

Suche auf der CD den Ordner »Orte« und dort die Datei »Erde«.

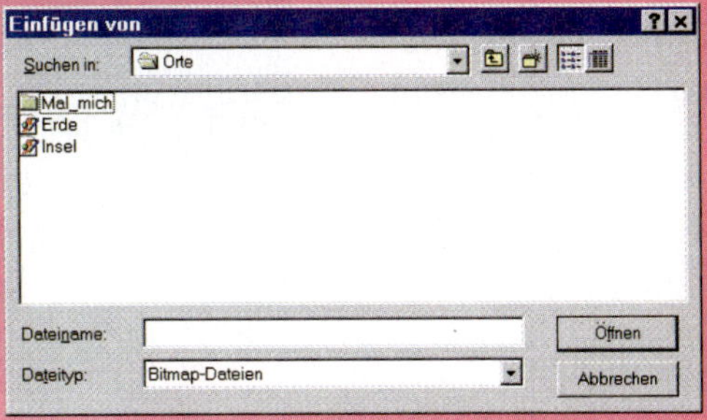

Da ist sie, die Erde. Ein bisschen groß vielleicht, aber das ist leicht zu ändern.

Du erinnerst dich sicher noch daran, wie man ein Bild verkleinert, oder?

Falls dir nicht mehr einfällt, wie das noch mal war mit dem Verkleinern von eingefügten Bildern in ***Paint****: Hier ein heißer Tip: Blättere zurück auf Seite 41. Dort findest du eine genaue Beschreibung.*

Sieht sie nicht toll aus, die Erdkugel?

So nah sind wir schon, dass die Oberfläche des Jupiters mit den vielen Kratern zu erkennen ist. Male mit ein paar Pinselstrichen die Krater und Gesteinsbrocken.

Und nun belebt sich langsam die Szene. Was taucht denn da auf?

Eine andere Rakete taucht am Himmel auf (füge aus dem Ordner »Fahrzeug« die »Rakete« ein).

Offenbar scheinen sich noch andere für den Jupiter zu interessieren. Aber sieh doch: Sie ändert plötzlich ihre Flugrichtung!

Wähle im »Bild«-Menü den Befehl »Drehen/ Spiegeln...«.

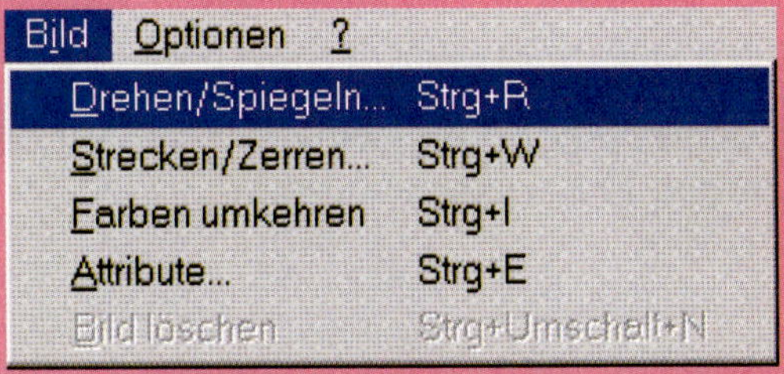

Klicke hier »Drehen im Winkel von:« und »180°« an.

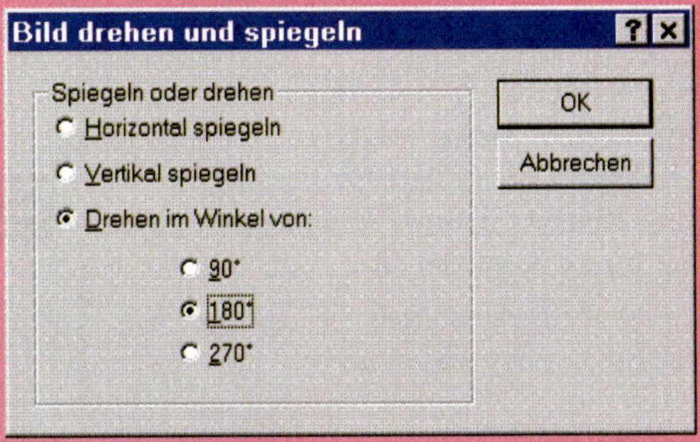

Jetzt fliegt die Rakete in Richtung Erde. Ob sie sich verflogen hat?

Wir aber setzen zur Landung an, endlich. Vielleicht sollten wir die Gelegenheit nutzen, uns vorzustellen?

Wir: das sind Werner Astro, hier nebenstehend im Bild – sozusagen in Berufskleidung...

...und ich, Peter Naut. Wir befinden uns auf einem Kontrollflug zum Jupiter, von wo uns Kollegen seit kurzem wirres Zeug funken. Da wollten wir lieber mal nachsehen, was los ist.

Zugegeben, mit den dicken Astronautenanzügen ist von uns kaum was zu sehen. Aber das gehört zum Berufsrisiko. Wichtig ist, dass wir uns gegenseitig erkennen. Und das geht 100-prozentig gut, solange wir zu zweit unterwegs sind.

Achtung, wir setzen zur Landung an!

Wie üblich, wage ich mich als Erster nach draußen (füge »Astrona2« aus dem Ordner »Figuren« ein). Werner hält derweil Ausschau nach feindlichen Existenzen.

Aber da kommt auch schon Werner hinterher (füge »Astrona1« ein). Offensichtlich ist die Luft rein.

Der hat es aber eilig. Jetzt drängelt er sich sogar an mir vorbei.

Die grünen Männchen kommen

Gibt's da vorne was umsonst? Aber da dreht Werner sich schon zu mir um und gibt mir ein Zeichen. Aha, ich muss die Sprechfunkanlage anmachen: Er will mir was sagen.

Um Werner umzudrehen, musst Du erneut im »Bild«–Menü auf »Drehen/ Spiegeln...« klicken.

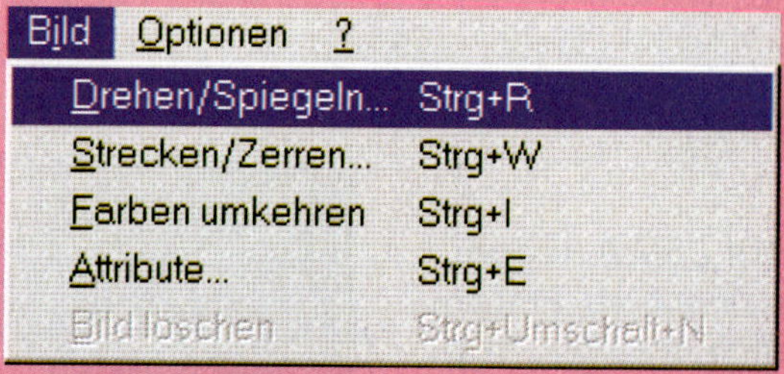

Hier muss diesmal »Horizontal spiegeln« ausgewählt werden.

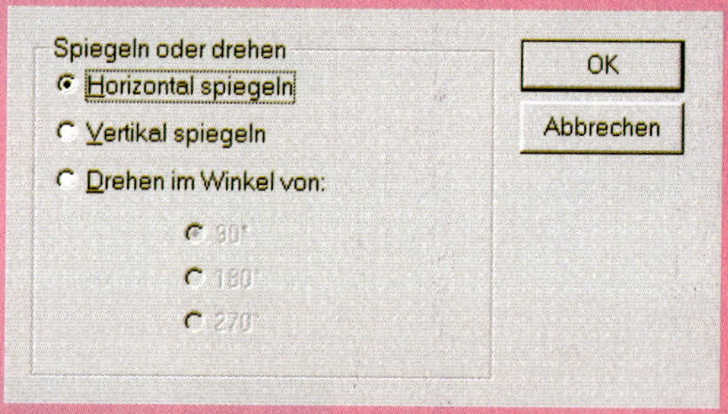

Und nicht vergessen: Mit einem Mausklick auf die »OK«–Schaltfläche wird die Wahl bestätigt.

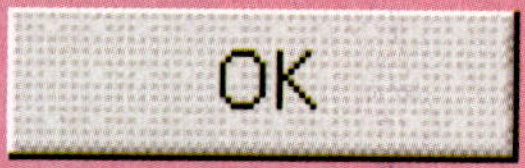

Du, sagt Werner zu mir, du, ich hab da eben einen Funkspruch von einem unserer Kollegen hier erhalten. Er sagte sowas wie: Alles Käse und: er komme gleich vorbeigeflogen. Verstehst du das?

Natürlich verstehe ich das nicht! So eine Frage. Das klingt, als sei dieser Kollege ein bisschen übergeschnappt. Wir sind jedenfalls auf der Hut.

Plötzlich ein gelbes Leuchten über uns! Sozusagen ein käsegelbes Leuchten. Das muss der Kollege sein (füge den »Astrona4« ein).

Er scheint in einem riesigen Stück fliegendem Schweizer Käse zu stecken und rudert wild mit den Armen. Alles Käse? Aha! Er funkt zu uns herunter: Helft mir, ein Käsemeteorit hält mich fest! Und ich bin nicht der Einzige!

Die grünen Männchen kommen

Nehmt euch vor den grünen Männchen in Acht. Sie sind schuld an allem. Sie kommen täglich hierher und überprüfen, ob ich und meine Kollegen immer noch festsitzen.

Ich denk bei mir: grüne Männchen? Ich sage dir was: So was gibt's doch nur in Kinofilmen.

Also antworte ich ihm: Hör mal mein Lieber: Wir leben in der Zeit der modernen Raumfahrt. Für Märchen habe ich nichts übrig. Es ist zwar bedenklich, dass du in dem Käse festklebst, aber dafür muss es doch eine vernünftige Erklärung geben!

Und für mich denke ich: Gleich wird er mir noch erzählen, dass hier fliegende Untertassen unterwegs sind. So was blödes!

Da sagt schon dieser Käsefritze (wie war sein Name noch gleich: Bernd Rakete?), dass wir uns vor den fliegenden Untertassen in Acht nehmen sollen, die spionierten ständig auf dem Jupiter herum.
Na bitte, was habe ich gesagt: Der muss einfach verrückt sein!

Da ruft Werner plötzlich: Mensch, ich hör was; da sind doch irgendwelche Stimmen auf unserer Leitung! Hörst du das auch? Dann dreht er sich blitzschnell um.

Um Werner umzudrehen, wähle die Schaltfläche für die Freihandauswahl.

Erinnerst du dich noch an die Freihandauswahl und was man mit ihr machen kann? Wenn nicht, dann schau auf Seite 32 nach.

Mit dem Halteklick wird eine Linie um Walter gezogen. Das sieht dann so aus.

Lass die linke Maustaste los: Die gezogene Linie verwandelt sich in einen rechteckigen Rahmen.

Diesen Befehl kennst du noch, oder? Klicke auf »Drehen/ Spiegeln...«.

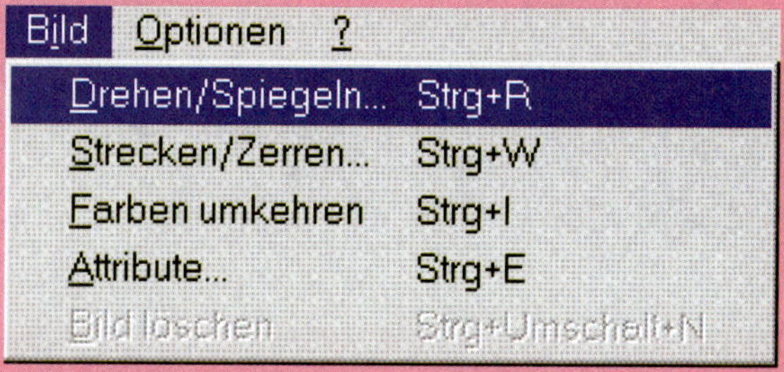

Hier muss wieder »Horizontal spiegeln« gewählt werden.

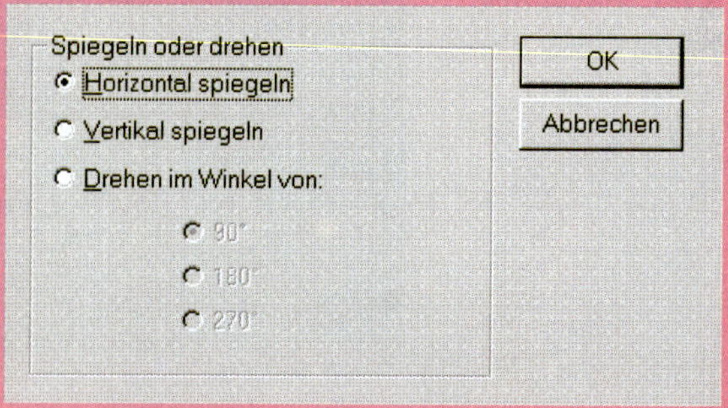

Mein Kollege schaut angestrengt in eine Richtung. Und jetzt sehe ich auch etwas...

Was ist denn das? Das kann doch nicht sein...

Bin ich jetzt auch verrückt, oder ist Bernd Rakete der vernünftigste Mann hier auf diesem Planeten? Ich sehe eine kleine, ganz kleine, fliegende Untertasse.

Die grünen Männchen kommen

Aber nicht nur eine, nein, es werden zwei, drei, fünf kleine, fliegende Untertassen, die hin– und herschwirren.

Die sehen ja eigentlich ganz niedlich aus, aber wenn das stimmt, was Bernd Rakete so erzählt...

Au weia, jetzt kommt es erst richtig dick! Da landet ein echtes Ufo!

Werner schaut nicht gerade mutig – und, na ja, ich fühle mich ehrlich gesagt auch nicht ganz wohl in meiner Haut. Ein schneller Rückzug in unsere Rakete ist jedoch nicht möglich, also müssen wir wohl oder übel abwarten, was noch alles kommt.

Langsam und geräuschlos öffnet sich eine Luke im Bauch des Ufos, und heraus steigt...

...ein grünes Männchen! Ich dachte immer, die gibt es gar nicht!

Ihm folgt noch ein Zweites, auch ganz in Grün.

Die grünen Männchen kommen

Die beiden grünen Männchen sind auf der CD im Ordner »Figuren« als »Marsman1« und »Marsman2« zu finden.

Das erste grüne Männchen scheint ja ganz vergnügt und gar nicht angriffslustig zu sein (füge erst »Marsman2« und dann »Marsman1« in das Bild ein).

Und der zweite Grüne schaut auch recht vergnügt!

Ehrlich gesagt, mir plumpst ein riesiger Stein vom Herzen! Das muss man ja auch erst mal verdauen: fliegende Untertassen und Ufos, dann auch noch grüne Männchen, und alle sind echt, offensichtlich.

Diese beiden Burschen sind schon witzig, hüpfen und feixen und grinsen die ganze Zeit. Sind Werner und ich denn so komisch?

Bernd Rakete funkt von seinem Emmentaler herab: Die lachen über euch wegen eurer Astronauten–Anzüge. Überhaupt haben sie nur Unsinn im Kopf. Passt auf, gleich stecken sie euch auch in einen Käse oder so was ähnliches.

Na ja, so habe ich mir eigentlich meine Zukunft nicht vorgestellt: Durch das Weltall zu schweben, eingebacken in einen Käse. Also was tun?

Werner hat eine Idee: Wir überraschen sie mit einem Gastgeschenk. Das wird ihnen sicher gefallen.

Hüpfend und springend bewegt sich Werner zurück zu unserer Rakete. Was will er denn dort bloß holen?

Aber da kehrt er schon wieder zurück – mit einem bunten Blumenstrauß. Wie kommt der denn in unsere Rakete?

Eine kleine Malrunde für den Blumenstrauß: Dazu brauchen wir wieder die Werkzeugleiste...

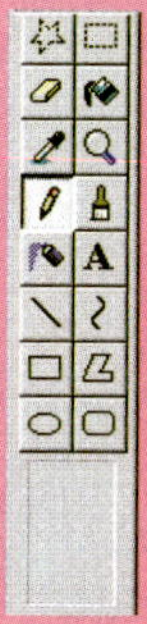

... und die Farbpalette, denn der Strauß soll schön bunt werden.

Mit dem Blumenstrauß könnten wir es genauso machen wie mit Lisa und Tim, nämlich ein extra Bild malen, das dann immer wieder verwendet werden kann.

Zuerst heißt es aber abspeichern! Oder hast Du schon selbst daran gedacht? Der Jupiter wird ebenso wie der Bauernhof als Datei entweder auf der Diskette oder aber in deinem Bilderordner im Computer gesichert.

Machen wir das Abspeichern noch einmal zusammen! Sicher ist sicher.

Klicke im Menü »Datei« auf »Speichern unter...«.

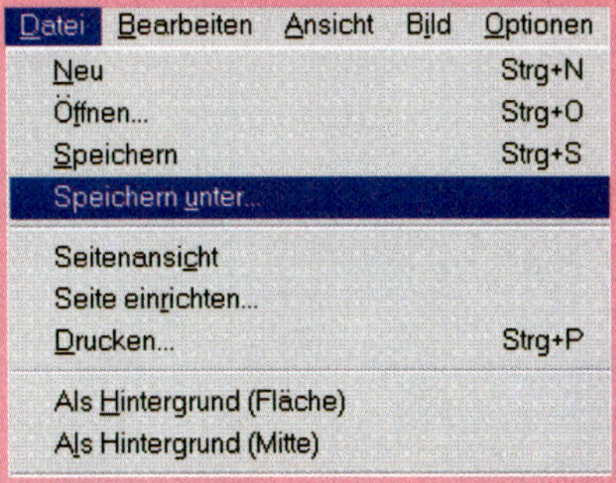

Wie schon beim Bauernhof ist es am besten, das Jupiter–Bild auf dem Computer zu speichern, denn es braucht sehr viel Speicherplatz. Eine Diskette ist ruck, zuck voll, wenn man ein bis zwei Bilder dieser Art dort sichert.

Kennst du noch den Weg zu deinem Ordner? Wenn nicht, dann blättere doch zurück auf Seite 47. Dort wird er genau beschrieben.

Hier ist das Bild in guter Gesellschaft! Übrigens: da ist ja schon eine nette Sammlung an Bildern zusammen–gekommen, findest du nicht auch?

Jetzt muss nur noch der Name des Bildes angegeben werden.

Gib den Namen des Bildes im Feld »Dateiname:« ein. Wie wäre es mit »Jupiter«?

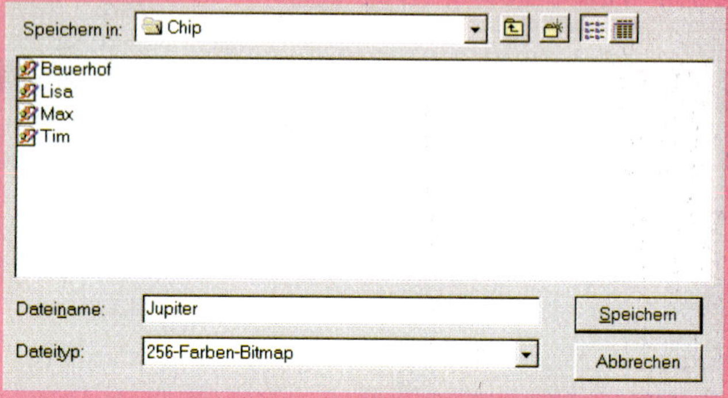

Mit einem Klick auf die altbekannte Schaltfläche »Speichern« wird das Jupiter–Bild gesichert.

Als nächstes werfen wir das Jupiter–Bild aus »Paint« raus und eröffnen eine neue Bilddatei für den Blumenstrauß. Das geht so:

Klicke im Menü »Datei« auf »Neu«.

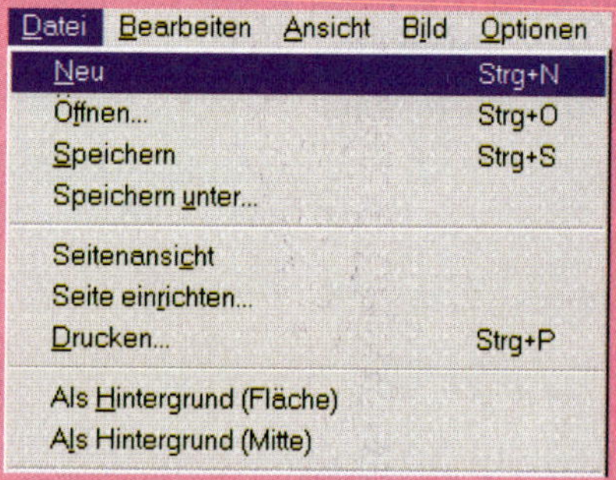

Die große Malfläche brauchen wir für einen kleinen Blumenstrauß gar nicht. Deshalb verkleinern wir sie.

Wähle im Menü »Bild« den Befehl »Attribute...«.

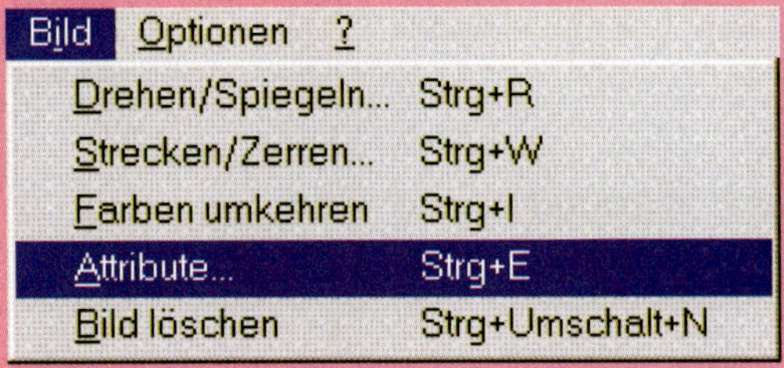

Hier wird die Größe des neuen Bildes angegeben. Eine Breite und Höhe von jeweils 6 cm reicht völlig aus. Bestätige diese Zahlen mit der »OK«-Schaltfläche.

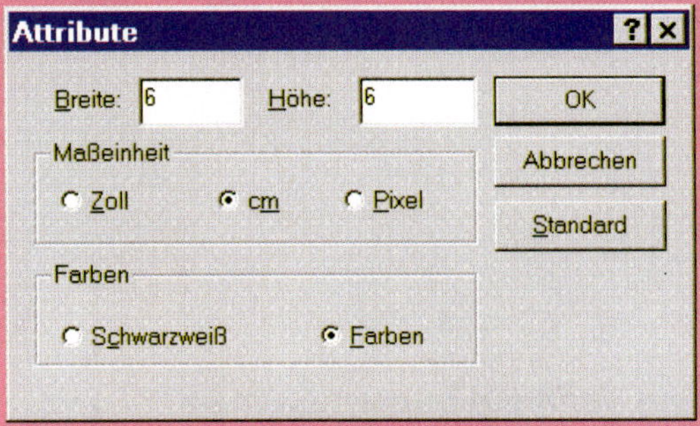

Diese kleine Malfläche ist für den Blumenstrauß völlig ausreichend.

Die grünen Männchen kommen

Jetzt ist die Malrunde eröffnet. Ich schlage vor, wir malen die Blumen in einem Blumentopf – darin blühen sie länger.

Zuerst wird der Blumentopf gemalt...

...und dann die bunten Blumen hineingepflanzt. Fertig!

Zum Schluss noch abspeichern: Klicke im Menü »Datei« auf »Speichern unter...«.

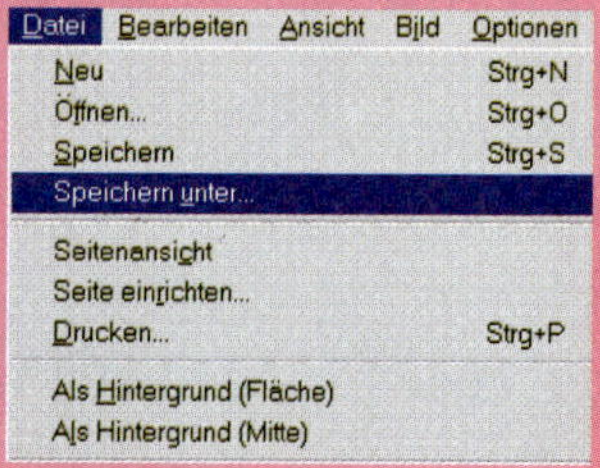

Speichere auch die »Blumen« in deinem Ordner.

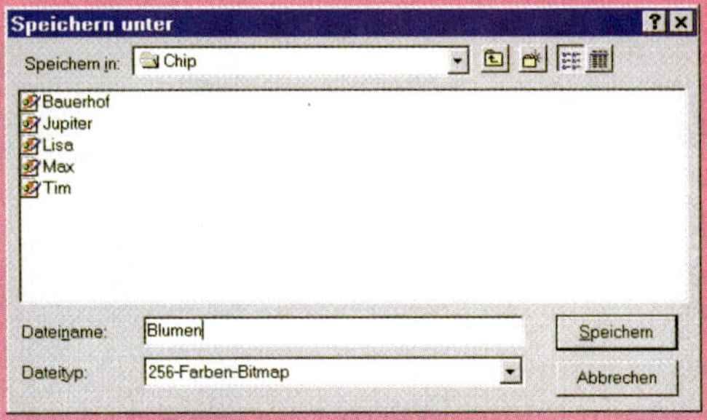

Nun aber zurück zum Jupiter. Du bist sicher schon gespannt, was die grünen Männchen zu diesem Gastgeschenk sagen werden.

Im Menü »Datei« ist unten das Bild »Jupiter« aufgelistet. Klicke es an.

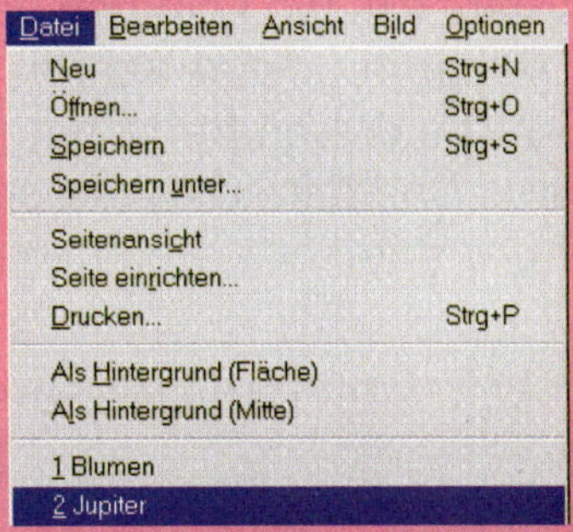

Endlich können die Blumen in das Bild geladen und Werner in die Hand gedrückt werden.

Aber Achtung! Jetzt kommt das Bild natürlich nicht von der CD (D:), sondern aus deinem Ordner im Computer (C:). Suche also dort danach.

Alles klar? Ist Werner schon bereit zur Übergabe des Blumenstrauß-Geschenks? Na, dann sind wir mal gespannt.

Zuerst schauen die beiden grünen Wesen ganz verdutzt. Aber gleich darauf grinsen beide ganz begeistert (Blumen haben sie bestimmt noch nie gesehen), und Werner und mir fällt schon wieder ein Stein vom Herzen.

Werner, flüstere ich, wo kommen denn diese Blumen her? Da kichert Werner und sagt: Die hat mir meine abergläubische Großmutter mitgegeben. Falls ihr auf außerirdische Wesen trefft, hat sie gesagt, braucht ihr doch ein Gastgeschenk. Und darauf hat sie so lange bestanden, bis ich sie wirklich eingepackt und mitgenommen habe. Dann übergibt Werner die Blumen.

Der Rest ist schnell erzählt. Im Nu haben wir mit den grünen Jupiter-Bewohnern Freundschaft geschlossen.

Die beiden sind einfach hingerissen von den Blumen, denn so was gibt es auf dem Jupiter natürlich nicht.

Bei der ersten Verständigung ist uns Bernd Rakete, der immer noch über uns in seinem Käsemeteorit schwebt, eine große Hilfe. Er hat in der Zeit seiner klebrigen Gefangenschaft schon ein paar Worte der Jupiter-Sprache gelernt.

Jetzt stellt sich heraus, dass Bernd Rakete und die anderen Astronauten wohl nicht sehr freundlich zu den Jupiterianern gewesen sind, als sie dort ankamen.

Und da die Jupiterianer eigentlich sehr friedlich und immer gut gelaunt, aber auch schnell beleidigt sind, haben sie sich auf ganz und gar sanfte, wenn auch ungemütliche Weise gerächt.

Seither sind Bernd Rakete und seine Kollegen (hier ist noch einer von ihnen – »Astrona3«) auf verschiedene Meteoriten verbannt und umkreisen den Jupiter.

Die Jupiter–Bewohner aber warten immer noch auf eine Entschuldigung, mit der sich die Astronauten ganz schnell selbst befreien könnten.

Dieses kleine Missverständnis ist dann auch schnell beseitigt. Bernd Rakete steigt endlich von seinem Emmentaler herab. Werner und ich aber müssen uns leider sehr schnell verabschieden und unsere Rakete wieder besteigen, weil wir per Funk einen neuen Auftrag bekommen haben.

Bald fliegen wir schon wieder durch das Weltall, diesmal mit Kurs auf den Mars. Was uns dort auch erwarten mag: außerirdische Wesen, Ufos... – wir sind jetzt mit allen Wassern gewaschen.

Salto Mortale

Zurück auf der Erde erwartet uns schon das nächste Abenteuer: Ein Zirkus ist in der Stadt eingetroffen und hat auf einer großen Wiese seine Zelte aufgeschlagen. Da müssen wir natürlich hin und uns die Clowns, Akrobaten und wilden Tiere anschauen.

Für den Zirkus brauchst du wieder einen leeren Bildschirm. Wähle deshalb im Menü »Datei« mit einem Mausklick den Befehl »Neu« an.

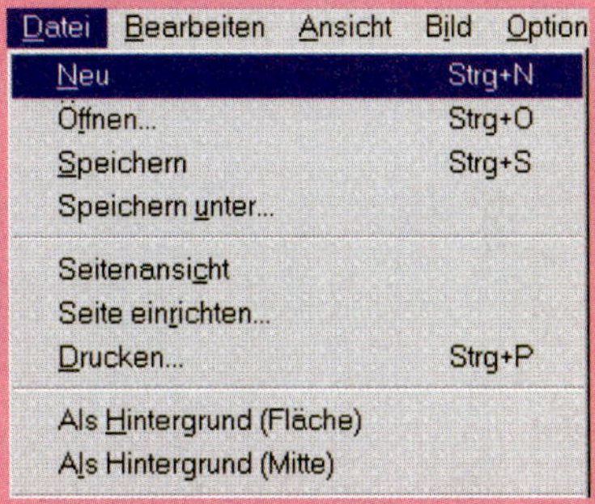

So, nun kann es losgehen.

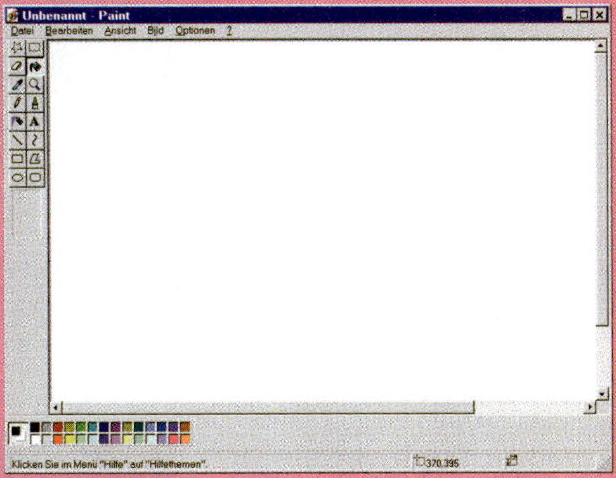

Sind die Stifte gespitzt, die Farben gut sortiert und die Pinsel bereit für das nächste Malabenteuer?

Wir wollen nämlich von Anfang an mit dabeisein, wenn die Zirkusleute das große Zelt aufbauen, dann ihre Nummern proben und die Tiere versorgen.

Am Anfang jeder Geschichte stand bislang das Zeichnen der Horizontlinie. So auch hier. Wichtig: Die Linie muss von ganz links nach ganz rechts an die Bildränder gezogen werden.

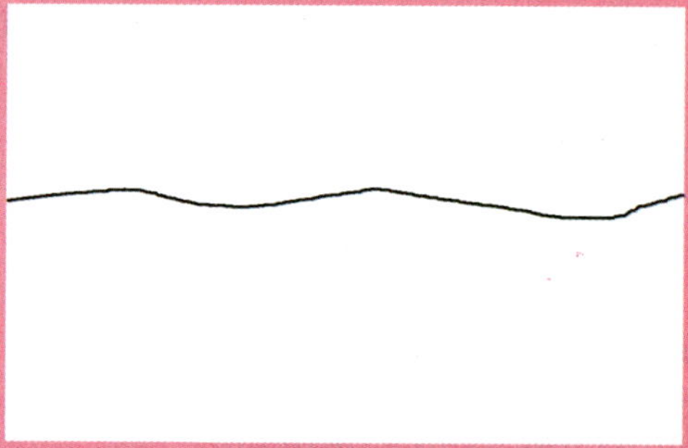

Unser Zirkus spielt am liebsten auf einer grünen Wiese. Also her mit dem Wiesengrün!

Das Wetter muss natürlich auch mitspielen an einem Zirkustag. Wähle deshalb das schöne Sommertags-Hellblau.

Auf dieser Wiese kann man sich niederlassen – groß genug für das Zirkuszelt ist sie auf jeden Fall. Und nun an die Arbeit! Als erstes wird das große, bunte Zelt für die Vorstellungen aufgebaut. Da müssen alle Mann ran.

Für dich bedeutet dies, dass du ein neues, nützliches Malwerkzeug kennenlernen wirst. Mit ihm kann man auf ganz einfache Weise Bögen zeichnen.

Wenn es angeklickt wird, erscheint unter der Werkzeugleiste ein Feld, in dem die Linienstärke ausgewählt werden kann.

Das Bögen-Werkzeug funktioniert so: Zuerst wird eine Linie per Halteklick gezogen (das kennst du schon). Dann wird sie an einer Stelle – wieder mit Halteklick – gepackt und wie ein Gummiband verzogen.

Mit einem Doppelklick ist der Bogen perfekt. Man kann die Linie aber auch doppelt verziehen. Dann wird nach dem ersten Ziehen nur einmal mit der Maus geklickt, an einer anderen Stelle der Linie neu angesetzt und noch einmal gezogen. Danach noch ein Mausklick, und fertig ist der Doppelbogen.

Klingt kompliziert, ist es aber nicht. Für das Zirkuszelt brauchen wir sowieso nur das einmalige Verziehen mit Doppelklick zum Abschluss. Also los!

Ziehe eine schwarze Linie mit dem Halteklick leicht schräg nach oben, etwa so. Linke Maustaste loslassen.

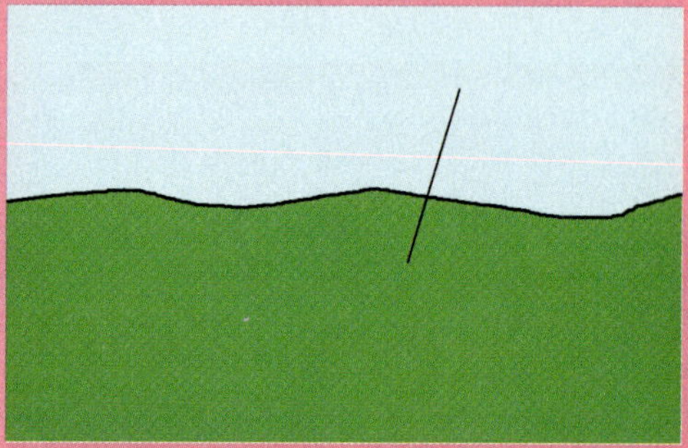

Zeige als nächstes mit dem Mauspfeil in etwa auf die Mitte der Linie und ziehe sie mit dem Halteklick ein wenig krumm. Zum Abschluss ein Doppelklick – das war's.

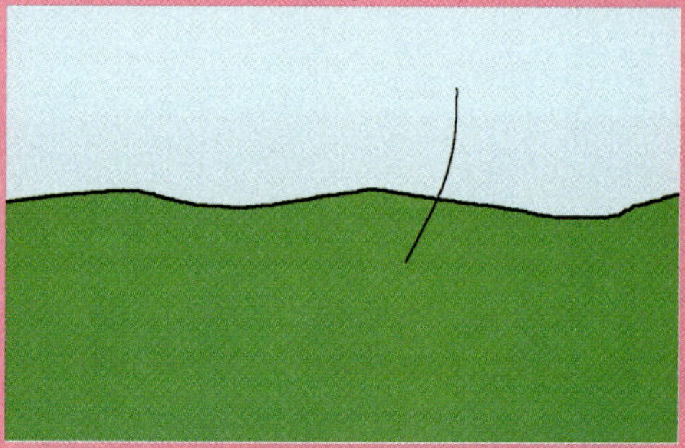

Auf diese Weise entsteht das ganze Zelt. So in etwa könnte es aussehen.

Schneller als erwartet steht das Zeltgerüst. Als nächstes wird die bunte Zeltplane darübergezogen.

Schön bunt, diese Zeltplane. Ein paar Ausbesserungsarbeiten müssen natürlich noch gemacht werden...

...aber das ist ein Leichtes mit dem geeigneten Werkzeug. Ein etwas breiterer Pinsel und die beiden Farben Rot und Blau zum Übermalen der störenden schwarzen Linie reichen aus, um den Schaden zu beheben.

Die Reparatur ist schnell getan. Als nächstes muss das Zelt noch anständig abgespannt und mit Holzpflöcken fest im Boden verankert werden. Die Zirkusleute machen sich ans Werk.

Wo sind die starken Seile zum Abspannen des Zeltes, und wo die Holzpflöcke?

Die sind schnell angebracht. Fehlt jetzt noch etwas? Natürlich, die bunte Fahne oben auf dem Zirkuszelt!

Zuerst wird die Fahnenstange angebracht. Damit sie schön gerade wird, solltest du das Linien–Werkzeug und einen dickeren Strich wählen.

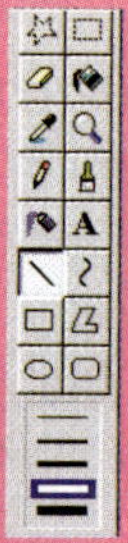

An dieser Stange wird jetzt das orangefarbene Tuch mit dem großen gelben »Z« (für Zirkus) befestigt.

Und weil die Fahne immer lustig im Wind flattert, werden ihre Umrisse am besten mit dem Bögen– Werkzeug gezeichnet.

Wie war das noch mit dem Bögen–Werkzeug und dem zweifachen Verziehen einer Linie? Man zieht zuerst eine gerade Linie. Mit dem Halteklick wird die Linie dann wie ein Gummiband zuerst in die eine und dann in die andere Richtung verzogen.

Zeichne also den Umriss der Fahne mit dem Bögen–Werkzeug. Fülle sie dann mit dem Orange aus der Farbpalette und male zum Schluss noch ein großes gelbes »Z« darauf.

Jetzt kann man das Zirkuszelt schon von weitem gut sehen.

Nun steht das Zelt endlich. Und damit es gut durchlüftet, wird sogleich der Eingang weit aufgemacht.

Das sieht richtig einladen aus, nicht wahr?

Die vielen Helfer sind auch ganz zufrieden. Doch der Zirkusdirektor hat noch eine Arbeit für sie: Das große Transparent mit der Aufschrift »Zirkus Salto Mortale« muss noch aufgestellt werden. Woher sollen die Leute in der Stadt denn sonst wissen, dass sie es mit dem berühmten Zirkus zu tun haben?

Werbung muss sein, sagt der Zirkusdirektor streng (füge aus dem CD-Ordner »Figuren« den »Dompteur« ein).

Wie der Direktor so dasteht, mit seiner Dressurpeitsche und dem schicken Zylinder, wagt ihm natürlich niemand zu widersprechen, obwohl sie alle ziemlich erschöpft sind und gerne ein kleines Päuschen gemacht hätten. Also – an die Arbeit!

Ein schickes Plakat

Jetzt machen wir was ganz Neues: Schreiben in »Paint«. Das geht nämlich auch. Wahrscheinlich hast du auch schon die Text-Schaltfläche in der Werkzeugleiste entdeckt.

Für das Plakat mit der Aufschrift »Zirkus Salto Mortale« brauchen wir das Text-Werkzeug jetzt erstmals.

Das ist die Schaltfläche für Text in der Werkzeugleiste.

Mit dem Text–Werkzeug kannst du viel mehr machen als nur schreiben. Es bietet nämlich verschiedene Schriften und Schriftgrößen an. Außerdem kann der geschriebene Text unterstrichen, gefettet und schräggestellt werden.

Klicke also als erstes das Text–Werkzeug in der Werkzeugleiste an.

Ziehe nun mit dem Halteklick einen Textrahmen.

Siehst du die Textmarke in der linken oberen Ecke dieses Rahmens blinken? Damit zeigt dir »Paint«, dass es für die Eingabe von Text bereit ist.

In den Textrahmen hinein wird nun mit Hilfe der Tastatur »Zirkus Salto Mortale« geschrieben.

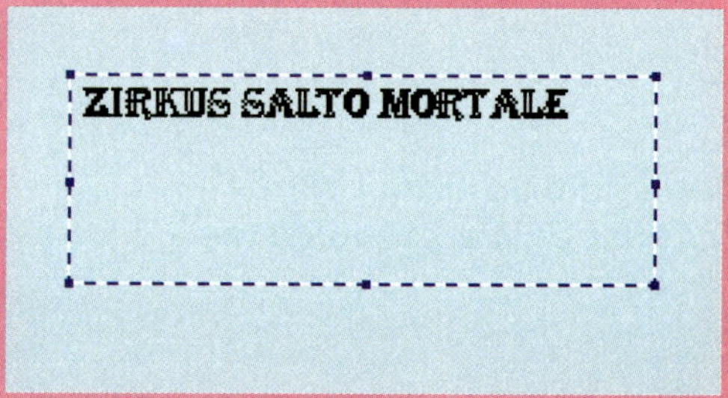

Jetzt wird es spannend: Wir werden nun die Schrift verändern bzw. Vergrößern. Dabei kommt erstmals die rechte Maustaste mit ins Spiel. Bislang haben wir ja nur die linke Maustaste für den Einfachklick, den Doppelklick und den Halteklick gebraucht.

Klicke einmal mit der rechten Maustaste in den Textrahmen hinein. In dem nun erscheinenden Menü wählst du »Alles markieren« mit einem Mausklick.

Nun ist der Zirkusname mit einem blauen Balken unterlegt. Jede Änderung der Schrift gilt damit für diese drei Wörter.

Klicke erneut mit der rechten Maustaste in den Textrahmen hinein. Diesmal wählst du den Menüpunkt »Formatsymbolleiste«.

Hier hat man mehrere Möglichkeiten, die Schrift zu verändern.

Klicke zuerst auf die Bildlauftaste rechts neben dem Schriftenfeld. Eine Auswahlliste öffnet sich, in welcher mehrere Schriften aufgeführt sind.

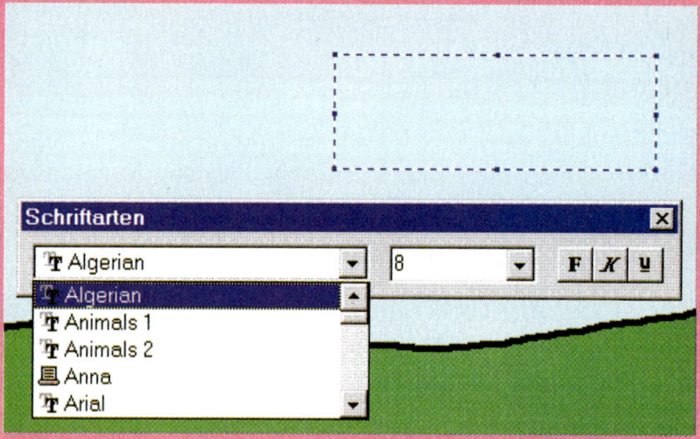

Wenn du Lust hast, dir diese Schriften anzuschauen, dann probiere ruhig ein wenig damit herum. Wähle dann die Schrift aus, die dir am besten gefällt.

Wundere dich übrigens nicht, wenn du andere Schriften hast, als hier im Buch abgebildet: Jeder Computer hat nämlich seine eigene Schriftensammlung. Mir für meinen Teil gefällt die Schrift »Algerian« wirklich gut, und ich werde sie deshalb auch nicht austauschen. Allerdings finde ich, dass sie zu klein ist. Aber das zu ändern, ist überhaupt kein Problem.

Klicke auf die Pfeillauftaste rechts neben dem Schriftgrößenfeld. In der sich nun öffnenden Auswahlliste kann man eine andere Schriftgröße anklicken. Je größer die Zahl, desto größer die Schrift.

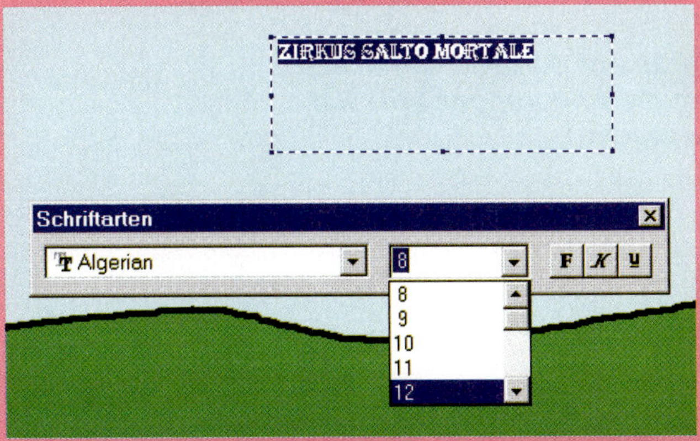

Ich habe die Größe »12« gewählt. Das ist schon deutlich größer als die »8«. Immerhin soll man ja das Plakat schon vom weitem lesen können, oder?

Bevor wir unsere Textänderungen abschließen, will ich dir noch die drei Schaltflächen rechts neben dem Schriftgrößenfeld vorstellen. Denn vielleicht bist du mit den Änderungen noch nicht zufrieden und willst zum Beispiel:

...die Schrift dick und fett machen. Dann klicke auf diese Schaltfläche.

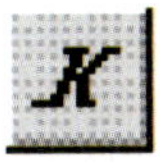

...die Schrift schrägstellen. Ein Klick auf diese Schaltfläche, und die Schrift kippt ein wenig nach rechts.

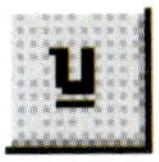

...die Wörter unterstreichen. Mit dieser Schaltfläche ist das im Nu geschehen.

Mit jeweils einem Mausklick werden diese Schaltflächen ein- und wieder ausgeschaltet. Nun wollen wir aber endlich das Ergebnis unserer Änderungen sehen, oder?

Klicke auf diese Schaltfläche, um die Änderungen wirksam zu machen.

So ist die Schrift groß genug. Wegen des Vergrößerns ist das Wort »Mortale« in die zweite Zeile gerutscht, denn der Textrahmen war plötzlich zu klein.

Und jetzt? Ich habe noch einen Vorschlag: Wie wäre es mit einer anderen Farbe für die Schrift und einem farbigen Hintergrund?

Ist der Text noch markiert? Wenn nicht, dann musst du nochmals mit der rechten Maustaste dieses Menü aufrufen und den Befehl »Alles markieren« anklicken.

Nun kannst du dir eine Farbe in der Farbpalette aussuchen. Ich wähle das Gelb, in dem auch das »Z« auf der Flagge gemalt ist.

Jetzt kannst du die Farbe deiner Wahl in der Farbpalette anklicken, mit einem weiteren Mausklick in das Textfeld die Markierung aufheben...

...und schon erscheint der Zirkusname in der neuen Farbe.

Was nun noch fehlt, ist eine schöne Hintergrundfarbe für den Schriftzug. Aber auch sie ist leicht herbeizuzaubern.

Wähle in dem Feld unterhalb der Werkzeugleiste die blau markierte Einstellung.

Mit dieser Einstellung lässt sich der Hintergrund der Schrift einfärben.

Für den Hintergrund klickst du mit der (Achtung!) rechten Maustaste auf die Farbe deiner Wahl – ich wähle das Orange der Flagge auf dem Zirkuszelt.

Hast du genau hingesehen? Das kleine Feld links neben der Farbpalette zeigt jetzt die Schriftfarbe (gelb) im vorderen Quadrat und die Hintergrundfarbe (orange) im hinteren Quadrat.

Und das Ergebnis unseres Farbenspiels?

Gar nicht schlecht, das neue Plakat, oder?

Ich habe die Schrift noch ein wenig mit Hilfe der Leertaste und der Eingabetaste auf der Tastatur verschoben. So sieht es noch besser aus.

Ganz zufrieden bin ich aber noch nicht. Das Plakat ist noch nicht am richtigen Platz. Es schwebt zu weit oben in der Luft. Verschieben wir es doch ein wenig nach unten.

Klicke das Auswahl-Werkzeug in der Werkzeugleiste an und ziehe einen Rahmen um das Plakat. Verschiebe nun das Plakat.

Weißt du noch, wie das mit dem Verschieben von Bildteilen ist? Wenn nicht, dann kannst du auf Seite 41 nachlesen. Dort wird es genau beschrieben.

Nanu! Jetzt befindet sich das Plakat zwar dort, wo es unser Zirkusdirektor haben möchte, aber der orangefarbene Hintergrund hat einen Abdruck hinterlassen.

Für den »Paint«-Profi ist das kein Problem. Einmal mit dem Farbeimer und der richtigen Farbe drüber, und der Farbfleck ist verschwunden.

Perfekt! Aber eine Kleinigkeit ist doch noch zu ändern.

Wir wissen ja alle, dass es keine Plakate gibt, die frei in der Luft schweben können. Deshalb sollten wir zwei Holzstützen anbringen.

Nun bin ich zufrieden, und der Zirkusdirektor ist es auch.

Jetzt wird geprobt

Sehr schön, sagt der Zirkusdirektor. Das ist aber schnell gegangen mit dem Aufbauen. Jetzt aber an die Arbeit! Ihr wisst, dass wir schon morgen früh die erste Vorstellung haben. Also seht nach den Tieren – und, vor allem, probt noch einmal gründlich eure Kunststücke. Da murren sie schon ein wenig, seine Akrobaten, Seiltänzer, Dompteure und Clowns. Aber was hilft's?

Bevor du die ersten Bilder von der CD in dein Bild lädst, solltest du im Feld unter der Werkzeugleiste die blau markierte Einstellung wählen.

Mit dieser Einstellung haben die Zirkusleute und Tiere von der CD keinen weißen oder farbigen Hintergrund, wenn sie in das Bild geladen werden. Einen solchen könnten wir nicht gebrauchen.

August, der Clown, ist gleich zur Stelle (füge aus dem Ordner »Figuren« den »Clown« in das Bild ein). Er lässt sich nie die gute Laune verderben – auch nicht vom Arbeiten.

August stellt sich vor den Zelteingang, grinst breit und ruft: Hereinspaziert, heute ist der Eintritt umsonst! Seine Kollegen murren noch ein bisschen, aber bald kommt der Laden wieder in Schwung.

Noch ein Wort zu August: Mit dem bekannten »dummen August« hat unser August nichts zu tun. Er ist vielmehr der Chefclown der Truppe. Und wenn die Zuschauer auch meinen, dass er doof ist, weil er in seiner Clownnummer alles falsch macht, immer auf die Nase fällt und ewig komisch ist, dann haben sie sich eben von ihm an der Nase herumführen lassen!

Fridolin ist der nächste, der zu seinem Arbeitszeug greift (füge den »Jongleur« aus dem Ordner »Figuren« in das Bild ein). Er ist der Partner von August und – wie man sehr gut sehen kann – nicht gerade ungeschickt.

Ganz von alleine hat sich Mathilde ihren Ball geschnappt und balanciert ihn (füge aus dem Ordner »Tiere« den »Seehund« in das Bild ein). Sieht ganz gemütlich aus, wie sie das so macht.

Einige Tiere denken ja von Mathilde, dass sie eine Streberin ist, weil sie immer gleich dabei ist, wenn es ans Proben geht. Aber, im Vertrauen gesagt, was sie antreibt, ist weniger der Ehrgeiz, sondern ihr permanenter Hunger auf diese leckeren Sardinen, die sie nur dann bekommt, wenn sie im Training etwas besonders gut gemacht hat.

Deshalb schielt sie auch jetzt schon wieder – trotz des Balls auf ihrer Nase – in die Runde, ob denn niemand ihren großen Appetit bemerkt.

Aber die anderen schauen gerade alle verdutzt hinter Wendolin her, der, aus seinem Stall kommend, vorbeistapft, immer weiter Richtung Stadt (füge aus dem Ordner »Tiere« den »Elefant« in das Bild ein).

Aber Wendolin! Ruft der Zirkusdirektor, der es gar nicht mag, wenn man ihn nicht höflich begrüßt. Wo willst du denn hin? Ach je, sagt August, der mal wieder am schnellsten kapiert hat, Wendolin hat seine Kontaktlinsen gestern verlegt. Und ohne sie ist er fast blind! Da dreht Wendolin sich um.

Wendolin umdrehen? Kein Problem, oder? Klicke im Menü »Bild« auf »Drehen/ Spiegeln...« und dann auf »Horizontal spiegeln«.

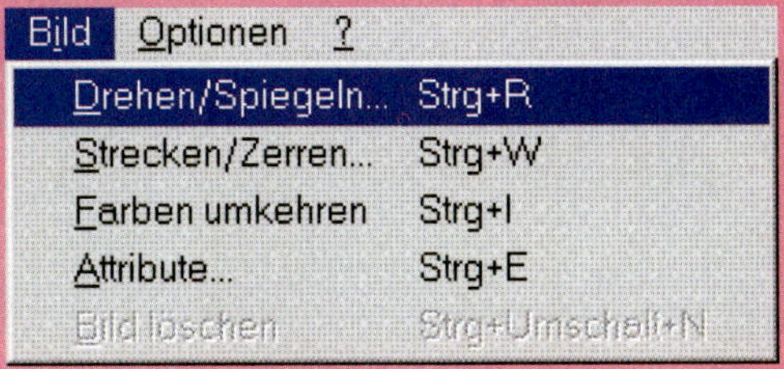

Wie gemein! Trompetet der dicke Wendolin beleidigt. Ach bist du gemein! Und schaut vorwurfsvoll in die Richtung, wo er den August vermutet.

Du musst wissen: Obwohl es immer heißt, dass Elefanten Dickhäuter sind, ist gerade das Gegenteil der Fall. Wendolin ist der lebendige Gegenbeweis. So empfindlich wie er ist sonst kein anderer in der Zirkustruppe.

Mit weißen Stoßzähnen sieht Wendolin doch besser aus, oder?

Wendolin ist das wirklich furchtbar peinlich. Das mit den Kontaktlinsen war sein großes Geheimnis. Nur August hatte er verraten, dass er eigentlich so blind wie ein Maulwurf ist. Und der hat nichts anderes zu tun, als es herauszuposaunen!

Nun sei nicht beleidigt, sagt August gutmütig (ein bisschen schlechtes Gewissen hat er jetzt doch, dass er so vorlaut war), hilf lieber, das Hochseil zu spannen, damit Lilli Milli üben kann. Der Name Lilli wirkt auf Wendolin immer wie ein Zauberwort. Er guckt sofort begeistert und macht sich an die Arbeit, denn er ist heimlich in Lilli Milli verliebt.

Helfen wir doch dem verliebten und kurzsichtigen Elefanten beim Aufbau des Hochseils.

Am schnellsten ist das Hochseil mit dem Linien–Werkzeug gemalt. Bestimme auch die Strichstärke und die Farbe.

Zuerst werden die zwei Pfeiler mit einer kleinen Plattform errichtet und abgespannt.

Erst dann wird das Stahlseil ganz straff zwischen die beiden Pfosten gespannt.

Jetzt fehlt nur noch die Seiltänzerin. Aber bevor noch jemand diesen Gedanken zu Ende denken kann, ist Wendolin schon davongetrabt, um Lilli Milli persönlich zum Training abzuholen – diesmal geleitet vom untrüglichen Gespür des Verliebten.

Lilli Milli hat ihren großen Auftritt. Auf dem Rücken des Elefanten erscheint sie auf der Bildfläche (füge aus dem Ordner »Figuren« die »Artistin« ein).

Die anderen aus der Truppe feixen. Natürlich weiß jeder, dass Wendolin in die zierliche Seiltänzerin verknallt ist – wer könnte das übersehen!

Wendolin aber ist glücklich. So fein und zart ist Lilli, dass er ihr Gewicht kaum spürt! Liebe Lilli, flötet er, darf ich dich auf das Hochseil heben? Das ist sehr nett von dir, antwortet Lilli liebenswürdig – und Wendolin schielt vor lauter Glück. Vorsichtig fasst er Lilli mit seinem Rüssel um die Taille und setzt sie sanft, ganz sanft, auf dem Hochseil ab.

Um Lilli auf das Seil zu stellen, muss um sie herum zuerst ein Rahmen gezogen werden. Das machst du am besten mit der Freihandauswahl, denn mit diesem Werkzeug kann ein ganz enger Umriss um die Tänzerin gezogen werden.

Das ist die Schaltfläche für die Freihandauswahl. Erinnerst du dich noch an sie?

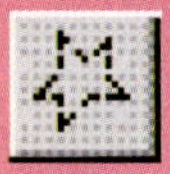

Um die Umrisslinie ganz präzise zu ziehen, solltest du Lilli jedoch zuvor mit der Lupe genau ins Visier nehmen.

Klicke diese Schaltfläche in der Werkzeugleiste an.

Nun verwandelt sich der Mauspfeil in einen rechteckigen Rahmen. Verschiebe diesen Rahmen so, dass Lilli in seiner Mitte steht, und klicke dann einmal mit der linken Maustaste. In der so vergrößerten Ansicht ist es ein Leichtes, mit der Freihandauswahl einen engen Umriss um Lilli zu ziehen.

Mit dem Halteklick ziehst du die Umrisslinie um Lilli. Dann lässt du die Maustaste los...

...und nun kann die Seiltänzerin verschoben werden. Zur besseren Übersicht rate ich dir jedoch, vorher die vergrößerte Ansicht wieder auszuschalten, damit du das ganze Zirkusbild vor dir hast.

Klicke also erneut das Lupen-Werkzeug an. Wähle in dem Feld unter der Werkzeugleiste den Befehl »1x« an.

Da balanciert die elegante Lilli schon hoch oben auf dem dünnen Seil.

Das weiße Loch, das durch das Verschieben von Lilli entstanden ist, ist schnell wieder mit Himmelblau gefüllt. So gibt Lilli doch ein gutes Bild auf dem Seil ab, nicht wahr?

Kaum steht sie auf dem Seil, dreht sie schon die erste Pirouette.

Die anderen klatschen Beifall, denn es ist immer wieder hübsch anzusehen, wenn Lilli seiltanzt.

Der dicke Wendolin aber schaut zugleich stolz und verklärt auf seine Angebetete und mag sich gar nicht mehr vom Hochseil wegbewegen. Einer muss doch aufpassen, dass dem zarten Geschöpf nichts zustößt, oder? Und wer könnte das besser als er?

Doch der Zirkusdirektor hat eine andere Aufgabe für ihn. Wendolin, sagt er streng, die anderen Tiere müssen gefüttert werden. Der Tierpfleger braucht deine Hilfe. Steh also nicht herum und träume, sondern mach dich an die Arbeit! Aber zuerst suchst du deine Kontaktlinsen – einen halb blinden Elefanten können wir nicht gebrauchen.

Die Löwennummer

Jetzt laufen die Proben auf Hochtouren. Allez hopp! Tönt es aus dem Zirkuszelt, wo die Akrobaten am Trapez den Salto Mortale üben. Aus den Tierkäfigen hört man das aufgeregte Kreischen der Affen, das Brüllen der Tiger und das laute Schmatzen des gefräßigen Nilpferdes.

Und weil jetzt alles geordnet ist, will auch der Zirkusdirektor seine Nummer proben – die Löwennummer.

Doch sein Partner, Leo, der Löwe, ist verschwunden! – Nanu, den haben wir doch schon irgendwo mal gesehen, oder?

Der Tierpfleger meldet den Verlust. Wie kann denn das passieren? War die Käfigtür nicht sorgfältig verschlossen? Wer hat Leo zuletzt gesehen? Alle reden durcheinander. Aber es hilft nichts: Der Löwe ist weg.

Da wird auch der Zirkusdirektor ein wenig bleich um die Nase. Wir müssen schnellstens die Polizei benachrichtigen, ruft er. Sonst gibt es ein Unglück!

August beschwichtigt: Leo ist doch ein ganz braver Löwe. Der würde niemandem ein Haar krümmen. Da brauchen wir doch keine Polizei!

Er hat recht, ruft Mathilde, und lässt vor Aufregung fast ihren Ball von der Nase fallen. Leoist ein sehr höflicher Löwe! Er würde mir nie meine Sardinen wegfressen. Wie könnte er da Menschen bedrohen?

Die Zirkusleute diskutieren schon eine ganze Weile lautstark, was denn nun zu tun oder zu lassen sei, als plötzlich ein bekanntes Räuspern zu vernehmen ist. Hinter dem Zirkuszelt kommt betont lässig Leo hervorgeschlendert.

Redet ihr etwa über mich? Fragt Leo, der Löwe, ganz harmlos (füge aus dem Ordner »Tiere« den »Loewe« ein).

Leo, du Ausreißer, sagt der Zirkusdirektor erleichtert. Gerade wollte ich die Polizei anrufen und dich als vermisst melden. Wo kommst du denn her? Ich bin ja so erleichtert, dass ich dir gar nicht böse sein kann.
Tja, brummt Leo, der Löwe. Entschuldigt, dass ich euch so in Aufregung versetzt habe.

Aber ich habe eine ganz nette Bekanntschaft gemacht, als ich mir nach unserer Ankunft heute morgen ein bisschen die Beine vertreten habe: Willi Rüssel!

Willi Rüssel? Fragt August. Wer um Himmelswillen ist Willi Rüssel?

Na ja, antwortet Leo, der Löwe, Willi Rüssel ist ein sehr kultiviertes Hausschwein von einem Bauernhof nicht weit von hier. Er wollte gerne zum Zirkus.

Da lachen die anderen lauthals. Ein Hausschwein? Und kultiviert? Und will zum Zirkus? Au weia!

Er hat es sich jetzt aber doch anders überlegt, erzählt Leo, der Löwe weiter.

Was hätte dieser Willi Rüssel denn hier auch machen wollen? Fragt der Zirkusdirektor. Oder kann er irgendetwas Besonderes? Ich bin ja immer an Talenten interessiert.

Tja, sagt Leo ernsthaft, das war sein Problem. Willi Rüssel ist ein ganz normales, aber sehr sympathisches Schwein. Er hat es sich aber wieder anders überlegt.

Und Leo fährt fort: Ich habe ihn dafür eingeladen, sich die erste Vorstellung von uns anzusehen, damit er nicht so enttäuscht ist.

Das ist in Ordnung, sagt der Zirkusdirektor. Warum auch nicht? Und er fährt fort: Meine Lieben, nur keine Vorurteile gegenüber dem Schwein an sich. Es ist ein sensibles und intelligentes Tier, das ohne eigene Schuld einen schlechten Ruf hat.

Und du, Leo, wendet sich der Zirkusdirektor an den Löwen, meldest dich das nächste Mal ab, wenn du einen Spaziergang machst. Das erspart uns eine Menge Ärger.
Jetzt aber wieder an die Arbeit. Wir müssen noch unsere Löwennummer proben, damit bei der morgigen Vorstellung alles klappt.

Geht in Ordnung, Chef, sagt Leo, der Löwe, erleichtert. Das wird nicht wieder vorkommen.

Bald sind alle wieder ganz konzentriert bei der Sache.

Du willst wahrscheinlich wissen, wie diese Geschichte weitergeht? Nun, das überlasse ich ganz deiner Fantasie. Es kann jedenfalls noch eine ganze Menge passieren.

Zum Beispiel, wenn Willi Rüssel auftaucht, um ein wenig Zirkusluft zu schnuppern, die Vorstellung anzusehen und seinen neuen Freund Leo zu besuchen.

Vielleicht überlegt er sich die Sache ja nochmals und will doch zum Zirkus?

Auch Tim wird sich die erste Vorstellung des »Zirkus Salto Mortale« ansehen…

…begleitet von seiner kleinen Schwester Lisa, die schon ganz aufgeregt ist, dass sie Leo, den Löwen, wiedersieht.

Also viel Spaß beim Weiterdenken dieser Geschichte. Solltest du aber Lust auf etwas ganz Neues haben, dann lade ich dich ein, mit mir noch einmal eine weite Reise zu machen – im nächsten Kapitel.

Tanz mit den Affen

Unsere Reise führt uns weit weg von zuhause, über das Meer, in ein heißes Land, wo die Wälder viel dichter wachsen und schwer zu durchdringen sind, wo Tiger brüllen und Schlangen in den Bäumen hängen.

Wir sind diesmal mit Lisa und Tim unterwegs, die ihren Onkel Lorenz auf einer Urwaldexpedition begleiten dürfen.

Onkel Lorenz ist Biologe und ein erfahrener Kenner der Tropen...

...so nennt man die Gegenden nördlich und südlich des Äquators. Hier sind die Tage heiß und die Nächte bitter kalt. Aber das Wichtigste: Es gibt exotische Tiere und Pflanzen, wie sie bei uns nur im Zoo hinter Gitterstäben oder dicken gläsernen Trennwänden zu sehen sind.

Der Flug dauert ganz schön lang. Aber Onkel Lorenz erzählt den Geschwistern spannende Geschichten über das Leben im Urwald, dass den beiden keine Sekunde langweilig ist.

Ein paar ernste Ratschläge gibt Onkel Lorenz ihnen auch: Denkt immer daran, dass die Tiere des Urwalds wild sind und für uns Menschen oft auch eine Bedrohung darstellen, mahnt er. Anders als der Löwe Leo aus dem Zirkus – der ist ja an Menschen gewöhnt.
Ein Tiger im Dschungel jedoch betrachtet dich, kleine Lisa, als leckere Mittagsmahlzeit. Wenn wir angekommen sind, bleibt ihr deshalb immer in meiner Nähe. Die Kinder nicken brav. Aber Angst haben sie keine. Dazu ist alles viel zu aufregend.

Irgendwann landet ihr Flugzeug endlich, und nach einer längeren Fahrt mit dem Jeep erreichen sie eine Lichtung mitten im Urwald, auf der ein paar Strohhütten stehen. Aber die Kinder sind zu müde, um sich gleich genauer umzusehen. Ruck, zuck liegen sie auf ihren Pritschen und schlafen.

Wir sollten nun langsam mit unseren Vorbereitungen beginnen, damit alles bereit ist, wenn Lisa und Tim aufwachen.

Für das neue Bilderabenteuer brauchen wir wieder eine weiße, leere Malfläche. Wähle im »Datei«-Menü den Befehl »Neu«.

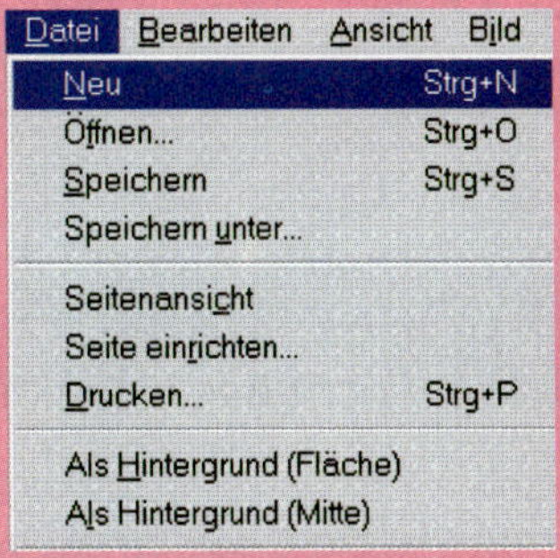

Nun können wir mit den ersten Zeichenstrichen beginnen.

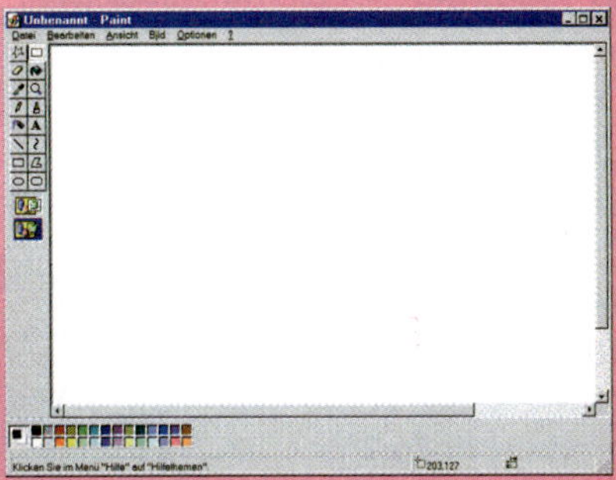

Diesmal zeichnen wir keine Horizontlinie, denn im Dschungel kann man den Himmel vor lauter Bäumen gar nicht sehen. Diese Linie grenzt den Boden der Lichtung vom umgebenden Dickicht ab.

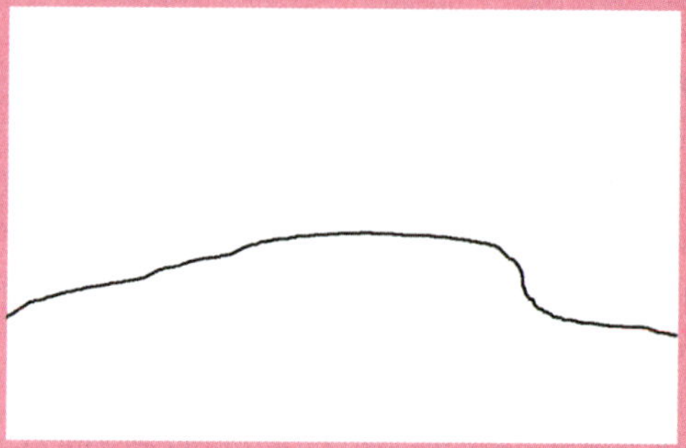

Der Boden der Lichtung ist aus braunem, festgestampftem Lehm. Wähle deshalb die braune Farbe, um die Fläche zu füllen.

Und das wilde Dickicht des Urwalds? Wie malt man das am besten?

Wie wäre es mit dieser Lösung? Male einfach mit dem Pinsel Kreise und Bögen völlig durcheinander. Die so entstandenen Teilflächen werden anschließend mit verschiedenen Grüntönen gefüllt.

Das sieht doch nicht übel aus, oder?

Die Lichtung liegt an einem kleinen Fluss. Das ist sehr praktisch, denn so kann man sie auch mit dem Boot erreichen – und ausreichend Wasch- und Kochwasser gibt es zudem.

Male mit einem Schwung blauer Farbe den Fluss.

Das Ufer ist mit Schilf und anderen grünen Pflanzen bewachsen. Vorsicht! Manchmal lauert dort auch ein Krokodil.

Mit ein paar Strichen und ein wenig grüner Farbe ist die Sache schnell erledigt.

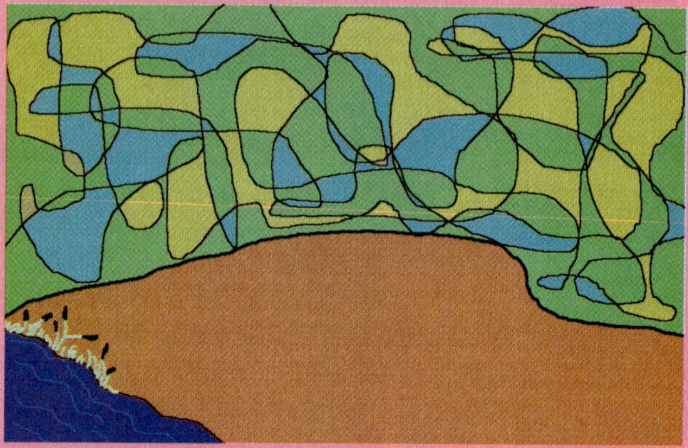

Den Bewohnern der Lichtung gehört auch ein kleines Ruderboot. Es liegt immer am Flussufer bereit (füge das »Boot« aus dem Ordner »Fahrzeug« ein).

Das Boot ist das wichtigste Fortbewegungsmittel im Urwald, wichtiger als der Jeep, denn entlang des Flusses leben etliche Eingeborenenstämme, die Handel treiben.

Mit dem Boot erreicht man zudem schnell und vor allem sicher das andere Ufer. Dort hat sich ebenfalls ein Dorf aus Strohhütten angesiedelt. Und diese Nachbarn sind sehr nett.

Am Rande der Lichtung stehen zwei Strohhütten, eine kleine und eine große. In ihnen stehen Pritschen als einfache Übernachtungsmöglichkeiten. Gekocht wird meistens draußen auf einem großen Feuer.

Zeichne zuerst die Umrisse der beiden Hütten.

Als nächstes werden die Wände der Hütten mit Stroh verkleidet. Wähle einen dicken Stift und die gelbe Farbe.

Wie du siehst, habe ich einen Trick angewendet. Ich habe zuerst die Hüttenumrisse mit der Farbe Orange gefüllt und erst dann mit dem Gelb darübergestrichelt. So sieht es schöner aus.

Sind die Hütten stabil genug? Ich denke schon.

Nun werden die Dächer der beiden Hütten gedeckt. Dafür verwenden wir ebenfalls Stroh.

Richtig einladend sehen die Hütten aus.

Aber wo ist denn da der Eingang? Wir müssen wohl erst Fenster und Türen in die Strohwände hineinschneiden! Welches Werkzeug wählen wir denn da am besten?

Wie wäre es denn damit? Dieses Werkzeug kennst du noch nicht. Mit ihm zeichnet man Rechtecke mit gerundeten Ecken.

Klicke mit der Maus auf diese Schaltfläche.

Wähle im Feld unter der Werkzeugleiste die Ausschneidemöglichkeit aus.

Mit dem Halteklick schneidest du nun die erste Tür in die Strohhütte.

Auf diese Weise werden auch die restlichen Fenster und Türen gemalt.

Zum Schluss füllst du noch die Fenster- und Türöffnungen mit einer Farbe aus...

...und schon stehen die beiden Hütten fix und fertig da.

Nun sollten wir aber langsam an das Abspeichern des Urwaldbildes denken. Sicher ist sicher! Machen wir auch diesmal das Sichern zusammen, denn da ist es einfach wichtig, alles richtig zu machen.

Klicke im Menü »Datei« den Befehl »Speichern unter...« an.

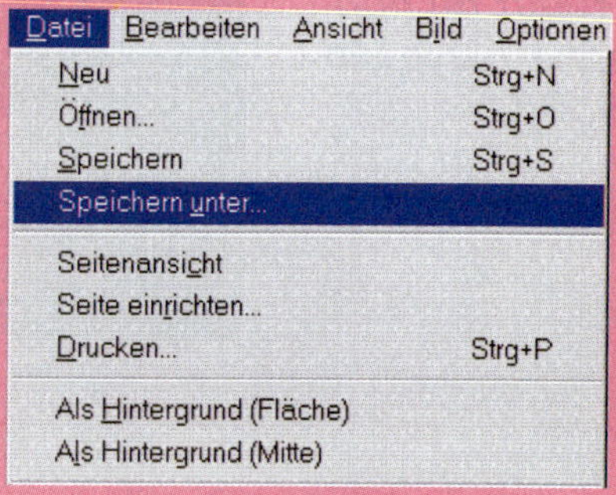

Rufe zuerst deinen Ordner im Feld »Speichern in:« auf und tippe den Bildnamen in das Feld »Dateiname:«. Zum Schluss noch ein Mausklick auf die »Speichern«-Schaltfläche. Das war's!

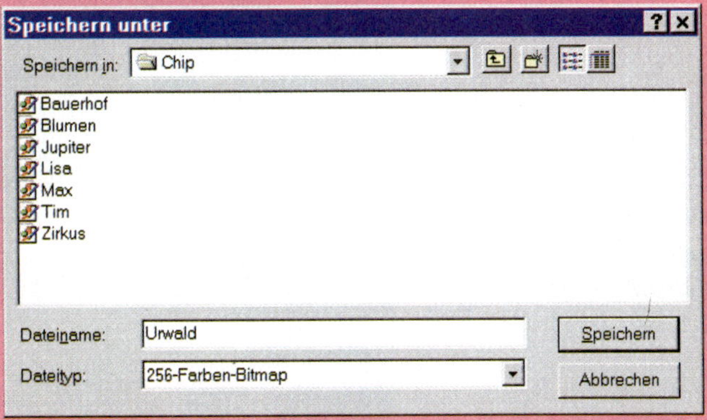

Zurück zu unserem Dschungelabenteuer: Nun ist ja soweit alles vorbereitet, dass Onkel Lorenz, Lisa und Tim allmählich aufwachen können. Wir schauen einfach mal nach, oder?

Da tritt Onkel Lorenz gerade aus der Tür. Er ist natürlich als erster wach (füge den »Tourist« aus dem Ordner »Figuren« ein). Man sieht ihm den erfahrenen Reisenden schon an der Kleidung an.

Onkel Lorenz schaut sich zufrieden um und pfeift dabei ein Liedchen. Hier fühlt er sich wohl.

Da ist auch Lisa. Sie ist wohl von Onkel Lorenzens Pfeifen wach geworden (füge »Lisa« aus deinem Ordner in das Bild ein).

Mit großen Augen schaut sie um sich. Oh, macht sie, und: aaah. Mensch, Onkel Lorenz, sagt sie schließlich. Hier sieht's ja aus wie in den Tarzan–Filmen, toll!

Tja, schmunzelt Onkel Lorenz. Den Tarzan werden wir hier wohl nicht antreffen, aber ein, zwei Äffchen dürften uns bald einen Besuch abstatten. Hier gibt es eine ganze Menge davon, und die sind sehr zutraulich.

Guten Morgen, Onkel Lorenz! Das war Tim. Ihn hält es auch nicht mehr im Bett (füge »Tim« aus deinem Ordner in das Bild ein).

Hier gibt es wirklich Affen, fragt Lisa. Wie schön! Lisa ist begeistert. Affen sind meine Lieblingstiere. Wenn wir zuhause in den Zoo gehen, dann bleibe ich die längste Zeit im Affenhaus. Dort ist es immer so lustig.

Nun ja, meint Onkel Lorenz. Die Affen hier sind aber nicht hinter Gittern, zum Glück! Deshalb solltest du, wenn sie auftauchen, vorsichtig sein und abwarten, ob sie dich mögen oder nicht. Aber wenn sie von sich aus zu dir kommen, kannst du sie ruhig streicheln.

Da ist schon einer, ruft Onkel Lorenz plötzlich, da oben im Baum (füge aus dem Ordner »Tiere« den »Affe1« ein).

Jetzt sitzt schon der zweite Affe da und schnattert aufgeregt (füge »Affe2« in das Bild ein).

Nun sind es drei Affen, die neugierig gucken und kreischen.

Lisa schaut genauso neugierig zurück (der dritte Affe ist »Affe3« aus dem Ordner »Tiere«). Kann ich näher rangehen, Onkel Lorenz, fragt sie aufgeregt. Ich denke schon, antwortet dieser. Geh aber erst mal nicht zu nah hin, sonst verjagst du sie noch.

Lisa macht vorsichtig ein paar Schritte auf die drei Äffchen zu, die auf dem Baum hin- und herspringen und ihre Späße machen. Angst haben sie offenbar nicht vor der kleinen Lisa. Aber sie beobachten sie doch ganz genau. Lisa macht noch ein paar Schritte und steht schließlich direkt vor ihrem Baum.

Wähle die Freihandauswahl, um Lisa zu markieren und dann zu verschieben.

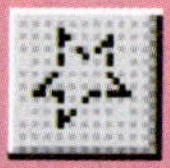

Ziehe mit dem Halteklick eine enge Linie um Lisa herum und lass dann die Maustaste los.

Nun kann Lisa in die Nähe der Affen verschoben werden.

Wie üblich, hat das Verschieben ein weißes Loch hinterlassen.

Fülle das Loch mit derselben braunen Farbe, wie sie der Boden hat.

Hallo, sagt das kleine Mädchen höflich, ich bin Lisa.

Und die drei Affen antworten in ihrer Affensprache: Sehr erfreut!

Dann schwingen sie sich von Ast zu Ast den Baum hinunter, um näher bei Lisa zu sein.

Schau, Onkel Lorenz, sie haben keine Angst vor mir, ruft Lisa begeistert.

Schnell haben die drei Äffchen mit der kleinen Lisa dicke Freundschaft geschlossen.

Na, sagt Onkel Lorenz, wenn uns die Affen entdeckt haben, dann kann es nicht lange dauern, und wir haben den halben Urwald bei uns hier auf der Lichtung.

Toll, antwortet Tim. Ich habe mir immer gewünscht, mal einen Tiger in echt zu sehen.

Onkel Lorenz dagegen meint: Also auf einen solchen Besuch wollen wir doch gern verzichten. Tiger sind hier wirklich gefährlich. Nein, ich habe eher Zebras, Elefanten und Vögel gemeint.
Wahrscheinlich beobachten sie uns schon, vor unseren Blicken gut hinter den Blättern versteckt.

Der Urwald kommt zu Besuch

Da kommt überraschend Besuch. Ein Boot fährt vom anderen Flussufer direkt auf sie zu. Es legt an, und ihr Besucher erhebt sich schwerfällig, klettert mit Mühe aus dem Boot und kommt langsam auf sie zu. Onkel Lorenz scheint ihn zu kennen, denn er begrüßt ihn wie einen alten Bekannten.

Sein Gast ist der Trommler aus dem Dorf auf der anderen Seite des Flussufers. Die Trommel hat er natürlich dabei.
Onkel Lorenz heißt ihn, Platz zu nehmen. Dann erklärt er den beiden erstaunten Kindern: Unser Freund Swami will uns zur Begrüßung mit seiner Musik erfreuen.

Swami hat sich schon einen Platz gesucht und sitzt auf dem Boden, die Trommel vor sich.

Als er zu trommeln beginnt, wird der Urwald plötzlich wach. Vögel kreischen, Tatzen und Hufe scharren im Takt, selbst die Baumwipfel wippen im Rhythmus mit.

Ein Elefant streckt neugierig seinen Kopf durch das Dickicht, um nachzusehen, wo das Geräusch herkommt (öffne den »Malbox«-Ordner; dort findest du den Ordner »Kopf« und darin den »Elefant«).

Der Elefant stellt sich kurz vor: Guten Tag, mein Name ist Elli. Wir sind Nachbarn, sozusagen. Toller Rhythmus, echt! Und dann schlenkert er zur Trommel seinen Rüssel hin und her und trötet begeistert.

Aber die Trommel lockt noch mehr Tiere an.

Mit ausgebreiteten Schwingen schwebt ein Geier hoch über den Baumwipfeln, bis er sich schließlich in der Runde der Zuhörer niederlässt (füge aus dem Ordner »Tiere« den »Geier« ein).

Gleich darauf klappern Hufe, und ein Zebra erscheint auf der Lichtung (füge das »Zebra« aus dem Ordner »Tiere« ein).

Ein braun-schwarz gestreiftes Zebra? Na, das ändern wir schnell!

Zuerst lassen wir das Zebra sich aber noch umdrehen und in Richtung Lisa gucken (also nicht die Rahmenmarkierung um das Zebra herum aufheben).

Klicke im Menü »Bild« auf »Drehen/Spiegeln...«.

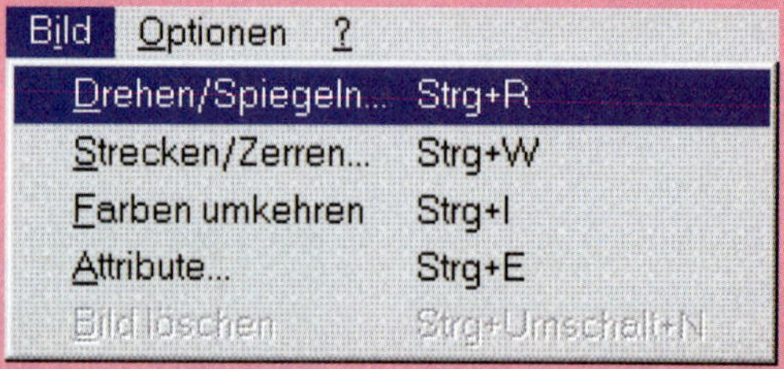

Der richtige Befehl hier ist »Horizontal spiegeln«. Bestätige mit der »OK«-Schaltfläche.

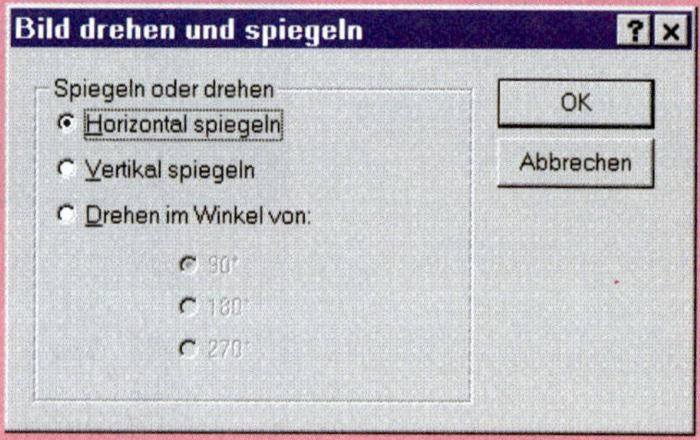

Nun schaut das Zebra zwar in die richtige Richtung, aber es ist immer noch schwarz-braun anstatt schwarz-weiß. Das werden wir jetzt auch ändern.

Damit wir mit dem Farbeimer nicht beim Versuch kleckern, die braunen in weiße Streifen umzufärben, sollten wir uns an die Lupe erinnern und das Zebra näher ins Visier nehmen.

Klicke in der Werkzeugleiste die Lupen–Schaltfläche an.

Wähle die weiße Farbe in der Farbpalette aus.

Mit dem Farbeimer wird Streifen für Streifen ein richtiges Zebra daraus.

Eine mühselige Angelegenheit ist das allerdings, dieses Umfärben.

Du willst sicher wissen, wie das kommt, dass das Zebra nicht schwarz-weiß sondern schwarz-braun ist? Ganz einfach: Die weiße Farbe auf den Bildern der CD wird durchsichtig, sobald diese in »Paint« geladen werden. Die Farbe des Untergrundes schimmert also durch. Deshalb die braunen Streifen.

*Nicht vergessen: Wenn die Farbe mal daneben geht, hilft der Befehl **Rückgängig** im Menü **Bearbeiten**, den Schaden sofort zu beheben.*

Fertig? Dann schnell zurück zum Gesamtbild. Klicke das Lupen–Werkzeug an und wähle dann in dem Feld unterhalb der Werkzeugleiste »1x«.

Das Zebra stampft mit seinen Hufen begeistert zum Trommelwirbel.

Es schnaubt, kreischt, stampft, wippt und tanzt auf der Lichtung.

Fast unbemerkt ist noch ein weiterer Gast eingetroffen: Herr Wurm, der von dem Stampfen der Tiere wach wurde und nun nach dem Rechten sieht (füge den »Wurm« aus dem »Tiere«– Ordner in das Bild ein).

Swami setzt zu einem schnellen Trommelwirbel an. Da schlägt das träge Flusswasser plötzlich Wellen. Kreisel bilden sich und Luftblasen steigen an die Wasseroberfläche.

Hat die Trommel etwa die Flussgeister aufgeweckt? Oder ist es ein großer Fisch, den die Schallwellen unter Wasser erreicht haben?

Die Trommel verstummt. Ein Krokodil, ein Krokodil! Alle rufen durcheinander.

Das Wasser teilt sich und ein Krokodil steht am Flussufer (füge das »Krokodil« aus dem Ordner »Tiere« ein).

Lisa aber steht ihm direkt gegenüber und starrt in seine gelben Augen. Das Krokodil starrt zurück.

Lisa! Ruft Onkel Lorenz. Schnell, lauf weg!
Ich glaube, er tut mir nichts, antwortet Lisa ruhig. Die anderen sind vor Schreck wie erstarrt. Lisa sagt weiter: Er will nur das Trommeln hören. Seht doch, er guckt ganz friedlich.

Onkel Lorenz, Tim, Swami und die versammelten Tiere starren jetzt allesamt das Krokodil an.

Hallo, sagt das Krokodil schüchtern. Ich tu niemandem was. Erst vor einer halben Stunde habe ich eine ganze Gazelle verspeist. Da könnte ich jetzt keinen Bissen mehr runterkriegen.

Wie beruhigend, sagt Onkel Lorenz. Aber weil er so erleichtert ist, dass das Krokodil seine kleine Lisa nicht angerührt hat, lädt er es zum Bleiben ein.

Swami greift wieder zu seiner Trommel, und bald hat er alle tierischen und menschlichen Zuhörer wieder in seinem Bann. Die drei Affen sind so begeistert, dass sie den Dschungel–Rock`n Roll erfinden, der bald zur beliebtesten Tanzform unter den Urwaldbewohnern wird.

Wie man einen Kochtopf klaut

Schließlich lädt Onkel Lorenz alle Anwesenden noch zu seinem berühmten Tropen–Punsch ein, ein heißes Getränk aus exotischen Früchten, das, wie er sagt, sehr viel Vitamine hat und deshalb besonders gesund sein muss.

Damit Onkel Lorenz seinen Punsch brauen kann, sollten wir ihm ein Lagerfeuer mit großem Kochtopf spendieren. Aber wo hernehmen? Klar, den kann man natürlich selber malen. Ich habe aber noch eine andere Idee.

Es gibt im Ordner »Figuren« eine »Hexe« – und die steht an einem solchen Feuer mit Topf.

Könnten wir der Hexe diesen Topf nicht wegnehmen? Doch, das geht! Und ich werde dir zeigen, wie man das macht.

Aber zuerst muss das Urwaldbild abgespeichert werden. Denn wir brauchen wieder eine leere, weiße Fläche für die Hexe.

Im selben Menü klickst du dann »Neu« an.

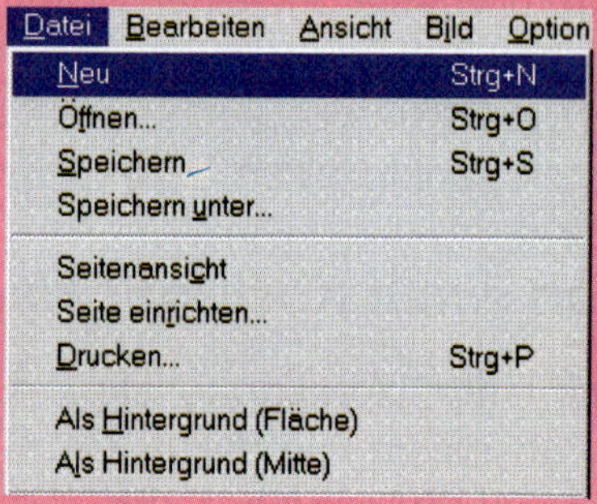

Verkleinere die Malfläche wieder etwas, denn das Bild soll nicht so groß werden.

Füge nun die »Hexe« aus dem Ordner »Figuren« in das Bild ein.

*Wie war das noch mal mit dem Verkleinern der Malfläche in **Paint**? Solltest du dich nicht mehr daran erinnern: Auf Seite 90 findest du die Lösung genau beschrieben.*

Da ist sie schon, die Hexe, mit der begehrten Feuerstelle.

Wie aber lassen wir die Hexe nun verschwinden?

An das Radierer–Werkzeug hast du sicher schon gedacht, oder?

Aber mit dem Radierer die Hexe auszuradieren, ist so eine Sache. Da bist du nämlich ganz schön lange beschäftigt.

Nein, es gibt noch eine sehr viel schnellere Methode, die Hexe aus dem Bild zu löschen, nämlich mit dem Auswahl–Werkzeug.

Klicke in der Werkzeugleiste das Auswahl–Werkzeug an.

Markiere nun den Bildteil oberhalb des Topfes, indem du einen Rahmen drum herum ziehst.

Alles, was in diesem Rahmen drin ist, kann jetzt mit einem einzigen Mausklick gelöscht werden.

Wähle im »Bearbeiten«–Menü den Befehl »Löschen«.

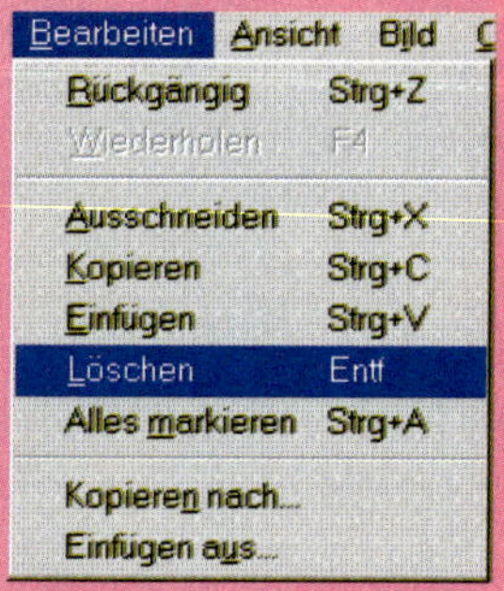

Damit wird alles gelöscht, was sich in dem Auswahlrahmen befindet.

Ruck, zuck ist die obere Hälfte der Hexe gelöscht.

Das Gleiche ist auch schnell mit dem Rest der Hexe geschehen.

Markiere den Überrest der Hexe mit einem weiteren Auswahlrahmen...

...und gib erneut den Löschbefehl. Nun haben wir den Topf so, wie wir ihn wollten, nämlich ohne Hexe. Jetzt bleibt uns nur noch das Abspeichern des Topf–Bildes unter einem eigenen Namen in dem Ordner, wo schon »Tim«, »Lisa« und die anderen Bilder aufbewahrt sind.

Klicke im Menü »Datei« auf »Speichern unter...«.

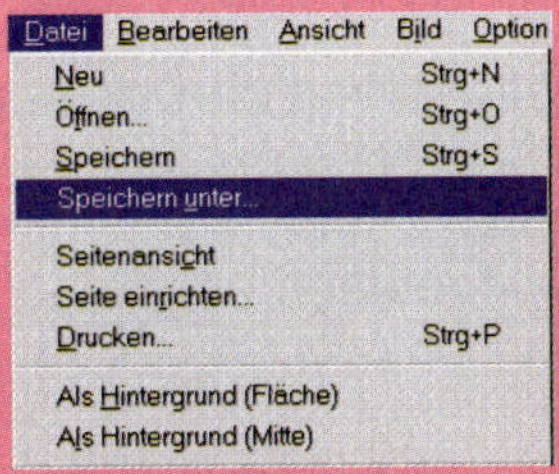

Im Feld »Speichern in:« muss der Name deines Ordners stehen. Trage dann den Namen deines Bildes im Feld »Dateiname« ein.

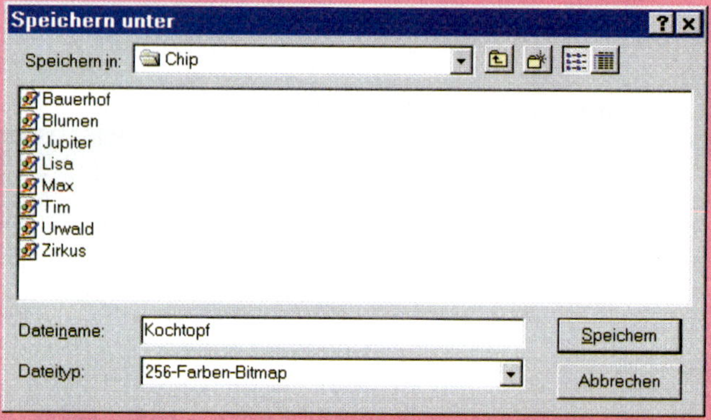

Klicke zum Schluss auf die Schaltfläche »Speichern«.

Damit ist der Kochtopf sicher im Kasten, und du kannst ihn in jedes x-beliebige Bild einfügen.
Jetzt aber zurück zum Urwald.

Der schnellste Weg zurück zum Urwaldbild führt über das »Datei«-Menü. Dort ist das Bild aufgelistet.

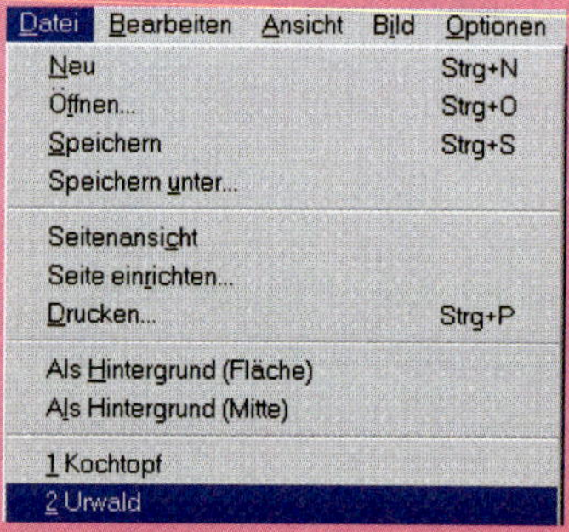

Hier warten schon alle sehnsüchtig auf den Kochtopf.

Füge den Kochtopf aus deinem Ordner in das Bild ein.

So, nun kann Onkel Lorenz mit dem Kochen beginnen.

Eine ganze Menge leckere Früchte kommen in den großen Kochtopf hinein, der auf einem munter flackernden Feuer steht. Bald fängt der Sud zu dampfen an, und es riecht auch schon verführerisch gut.

Malen wir noch den Dampf, der aus dem Kochtopf aufsteigt.

Welches Werkzeug aus der Werkzeugleiste ist denn das Richtige, um den Topf zum Rauchen zu bringen?

Erinnerst du dich noch an diese Schaltfläche? Damit haben wir schon auf den ersten Seiten dieses Buches schöne Schäfchenwolken gezaubert.

Klicke diese Schaltfläche an.

In dem Feld unterhalb der Werkzeugleiste kann die Sprühstärke ausgewählt werden.

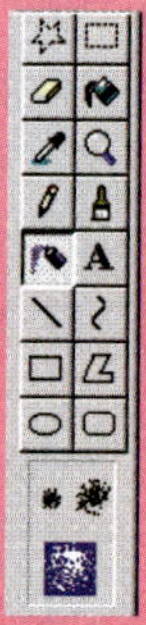

Mit ein wenig grauer Sprühfarbe dampft es gleich munter aus dem großen Kochtopf.

Endlich ist der Fruchtpunsch fertig. Tim, Lisa und alle mittlerweile um den dampfenden Topf versammelten Tiere sind begeistert. Alle – bis auf das Krokodil.

Na ja, sagt das Krokodil. Man kann das schon trinken. Ich bin aber doch was anderes gewöhnt. Dann verabschiedet es sich recht schnell. Ich ziehe mich jetzt lieber zurück, bevor ich wieder Hunger kriege und das Zebra in den köstlich dicken Hintern beiße, lautet seine Entschuldigung.

Das finden alle sehr freundlich von ihm. Und vermissen tut das Krokodil ehrlich gesagt keiner so recht auf diesem Fest, das noch bis weit in den Abend hinein dauert.

Wir aber verlassen Tim, Lisa und Onkel Lorenz jetzt. Ich habe auf den letzten Seiten dieses Buches noch etwas anderes mit dir vor.

Wer bastelt die lustigste Figur?

Nun haben wir miteinander vier spannende Bildergeschichten gemalt. Wir waren bei Bauer Nolte und seinen Tieren, sind sogar auf den Mars geflogen, haben – zurück auf der Erde – einen schönen Tag beim »Zirkus Salto Mortale« erlebt und schließlich sogar einen Ausflug in den Urwald unternommen.

Jetzt aber möchte ich zusammen mit dir noch einmal einen genaueren Blick in einen ganz bestimmten Ordner auf der CD werfen. Vielleicht kannst du dir ja schon denken, welchen Ordner ich meine?

Das ist der Inhalt des Ordners »Malbox«. Wie du siehst, verbergen sich in ihm drei weitere Ordner: »Bauch«, »Kopf« und »Beine«.

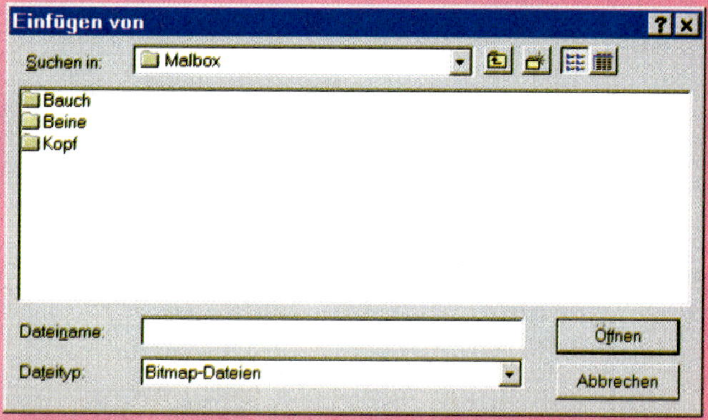

Aber bevor wir hier so richtig auf Erkundungsreise gehen, will ich dir erst erklären, was in diesen Ordnern steckt und was ich damit vorhabe.

In den drei Ordnern »Bauch«, »Kopf« und »Beine« stecken tatsächlich – genau wie ihr Name sagt – verschiedene Bäuche, Köpfe und Beine drin. Und die kannst du in beliebiger Weise zusammenfügen, so dass immer neue, lustige Figuren entstehen.

Hast du jetzt Lust bekommen, mit mir auf Entdeckungsreise im »Malbox«-Ordner zu gehen? Gleich auf der nächsten Seite geht's los!

Wir basteln einen Clown

Als erstes werfen wir einen Blick in diese drei Ordner und basteln bei dieser Gelegenheit gleich die erste Figur: einen Clown.

Treffen wir also die Vorbereitungen für unser neues Malabenteuer. Zunächst einmal brauchen wir eine leere Malfläche. Speichere deshalb das Urwaldbild ein letztes Mal ab.

Klicke dann im Menü »Datei« auf »Neu«.

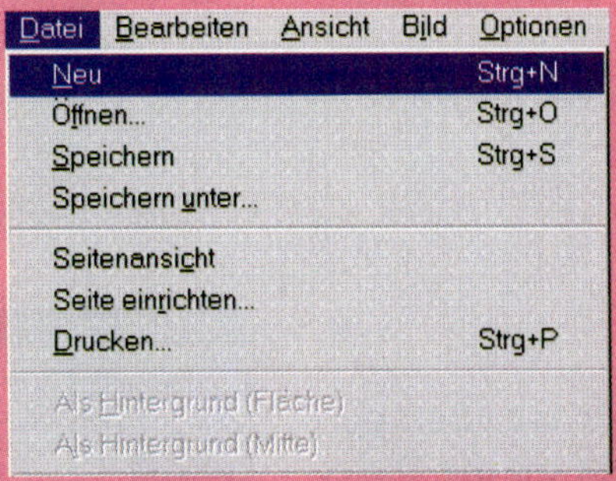

Hat die Malfläche auch die richtige Größe?

Dann ist alles bereit für das erste Bild.

Wer bastelt die lustigste Figur?

Beginnen wollen wir nicht etwa mit dem Kopf, sondern mit den Beinen. Das ist geschickter beim Zusammenbauen der Figuren – wie du gleich sehen wirst.

Wie bisher auch klickst du im »Bearbeiten«–Menü auf »Einfügen aus...«.

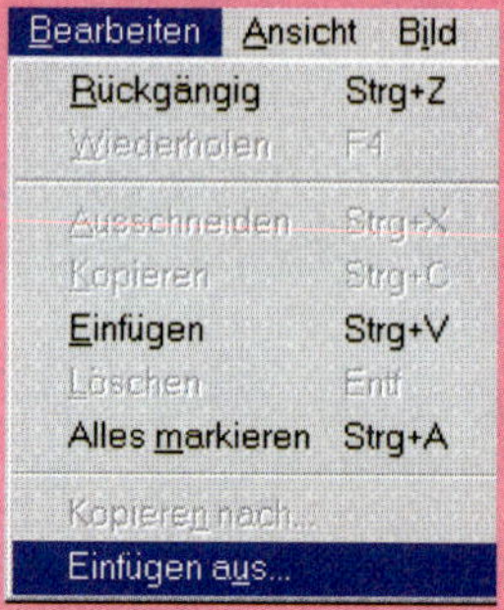

Im Ordner »Beine« findest du die Datei »Clown«. Markiere sie mit einem Mausklick und lade sie in dein Bild mit der »Öffnen«–Schaltfläche.

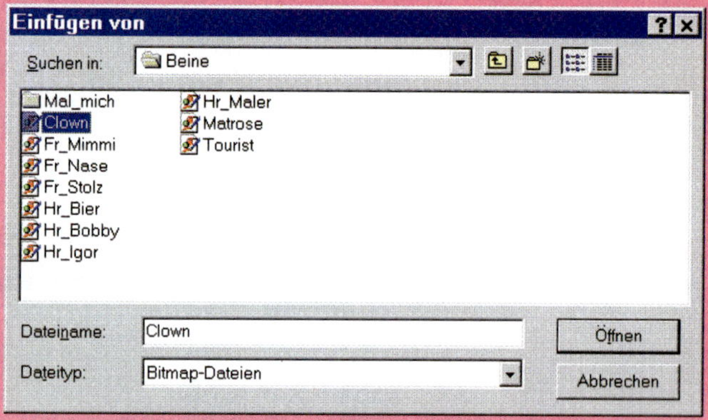

Da haben wir schon die Beine unseres Clowns. Denke daran, dass Bauch und Kopf noch obendrauf gesetzt werden.

Als nächstes suchen wir uns den dazugehörigen Bauch des Clowns...

...natürlich im Ordner »Bauch«.

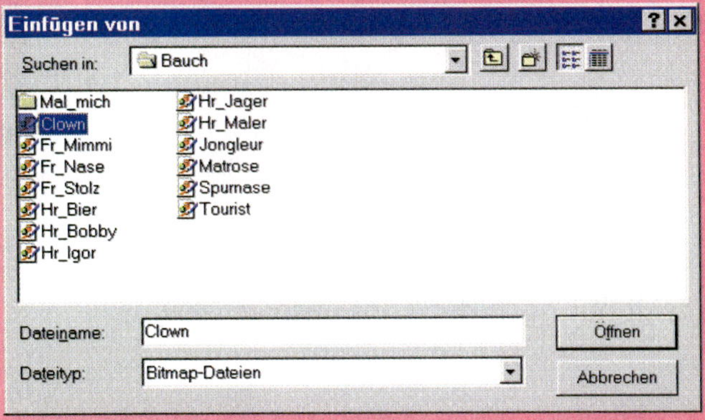

Den eingefügten Clownsbauch musst du genau auf die Hose setzen und auch die Größe so verändern, dass die beiden Teile genau zusammenpassen.

Wie du siehst, muss ich den gerade eingefügten Bauch noch ein ganzes Stück verkleinern und dann verschieben.

Es bleibt ganz dir überlassen, ob und wie du die einzelnen Figurenteile verkleinerst, in die Länge oder in die Breite ziehst. Wichtig ist: Das geht nur, solange der Markierungsrahmen noch da ist.

Nun passen Bauch und Beine schon perfekt aufeinander.

Jetzt fehlt nur noch der Kopf unseres Clowns.

Da ist er, im Ordner »Kopf«.

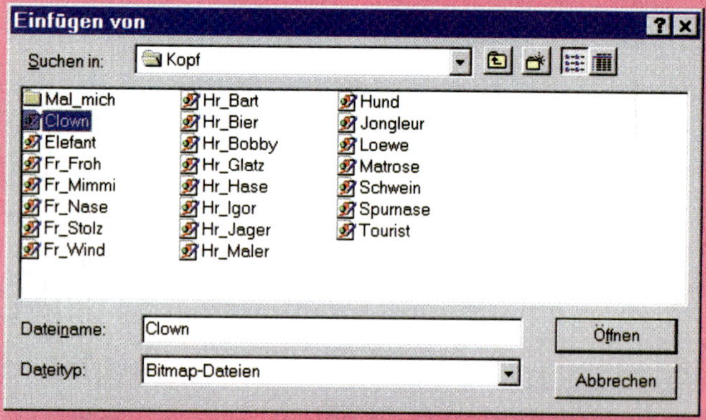

Auch hier muss der Kopf noch verkleinert und verschoben werden.

Darf ich vorstellen, das ist Bodo, der Clown.

War das nun schwer, Bodo zusammenzubasteln? Ich denke nicht. Das Wichtigste ist immer der Markierungsrahmen um die einzelnen Bauteile. Nur solange er da ist, kann ein Teil verschoben und in der Größe verändert werden.

Aber auch wenn man durch einen versehentlich gemachten Mausklick den Markierungsrahmen löscht, ist das nicht weiter schlimm...

...denn mit dem Auswahl–Werkzeug ist schnell wieder ein Markierungsrahmen gezogen.

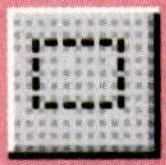

Darf ich vorstellen?

Nun ist es mir eine Ehre, dir einige der Figuren aus dem »Malbox«-Ordner vorzustellen. Zu jeder Figur gibt es eine kleine Geschichte zu erzählen.

Du hast sicher schon festgestellt, dass im Ordner »Kopf« sehr viel mehr Bilder drin sind als im Ordner »Beine«. Das hat einen einfachen Grund: Die Köpfe sind immer interessanter. Deshalb findest du sogar ein paar Tierköpfe, die zum Beispiel auf einem Anzug ganz lustig aussehen.

Jedenfalls hast du eine Menge Möglichkeiten, die einzelnen Teile der Figuren durcheinander zu kombinieren. Und wenn dir eine Figur besonders gefällt, dann kannst du sie jederzeit in deinem Bilderordner als Datei abspeichern.

Auf diese Weise kannst du eine beliebig große Menge bunter Figuren selbst erfinden und mit ihnen immer neue Bilder malen.
Klingt gut, nicht?

Der Clown

Das ist Bodo, der zweite Clown im »Zirkus Salto Mortale«. Er zeigt zusammen mit dem Clown August eine besonders lustige Nummer, in der er (natürlich vergeblich) versucht, mit einem Eimer ohne Boden Wasser zu tragen. Bodo weiß natürlich, dass das nicht funktionieren kann, aber den Zuschauern gefällt die Nummer so gut, dass er sie immer wieder spielt.

Frau Mimmi und Frau Nase

Lilli Mimmi hast du bei unserem Besuch im »Zirkus Salto Mortale« schon kennengelernt, allerdings unter ihrem Künstlernamen Lilli Milli. Sie ist ein echtes Zirkuskind und hat schon als ganz kleines Kind mit dem Seiltanzen begonnen. Wenn sie mal einen Tag nicht auf dem Hochseil steht, wird sie ganz trübsinnig. Lilli ist die heimliche Liebe des Zirkuselefanten Wendolin.

Das ist Frau Nase. Sie ist ziemlich eingebildet. Deshalb trägt sie ihre Nase immer ganz oben und schaut von dort auf ihre Umgebung herab. Frau Nase will mit ihren Nachbarn und Kollegen nichts zu tun haben und redet nur mit ihrer Katze, mit der allerdings den lieben langen Tag.

Frau Stolz und Herr Bier

Frau Stolz ist die Nachbarin von Frau Nase. Natürlich können sich die beiden nicht leiden. Frau Stolz ist aber eigentlich ganz nett. Sie pfeift den ganzen Tag ein Liedchen, was Frau Nase furchtbar aufregt, denn das gehört sich nicht für eine Dame. Aber das ist Frau Stolz egal. Sie ist nämlich in erster Linie Musikerin und erst in zweiter Linie eine Dame – manchmal.

Herr Bier ist – na was wohl? – ein waschechter Bayer und fühlt sich am wohlsten, wenn die Zeit des Oktoberfestes in München naht. Zugleich ist er ein sehr verträglicher Zeitgenosse. Wenn er doch mal schlechte Laune hat, dann sagt er höchstens: »So ein Schmarrn!« und behält ansonsten seinen Ärger bei sich.

Herr Bobby und Herr Igor

Herr Bobby ist ein waschechter Engländer und ein Polizist dazu. Das sieht man an seiner schicken Uniform, die sein ganzer Stolz ist. Er steht tagaus, tagein auf großen Kreuzungen herum und regelt den Verkehr. Dabei schaut er immer darauf, dass seine Schuhe makellos glänzen, genauso wie die Goldknöpfe auf seiner Uniform.

Herr Igor kommt eigentlich aus Sibirien. Das ist in Russland, und dort ist es mehr als die Hälfte des Jahres bitter kalt. Da kann man kaum je seine dicken Kleider ausziehen. Jetzt lebt er hier. Trotzdem trägt auch im Frühling und Herbst seine Wintermütze. Vielleicht hat er ein wenig Heimweh nach dem kalten sibirischen Winter.

Herr Maler und der Matrose

Herr Maler schaut eigentlich immer etwas beleidigt oder missmutig. Er ist ein Künstler und nie mit seinen Bildern zufrieden, die er malt. Dabei sind die Bilder sehr schön: so bunt und fröhlich – eigentlich ganz anders als Herr Maler selbst. Manche sagen, er malt seine gute Laune in die Bilder hinein, und dann bleibt für ihn keine mehr übrig.

Hansi ist ein Matrose, und was er hier trägt, ist seine Ausgehuniform. Die hat er immer an, wenn er seinen Landurlaub hat und von Bord geht. Hansi hat ein großes Mundwerk. Das bekommen auch seine Schiffskameraden ab und zu zu spüren.

Der Tourist

Hier stelle ich dir den Touristen vor. Man trifft ihn meistens im Ausland an, und dort am liebsten am Meer. Meist liegt er in der Sonne und ist damit beschäftigt, braun zu werden und sich zu entspannen. Du willst wissen, was das für ein Hut ist? Den hat er mal bei einem Andenkenverkäufer gekauft. Aber wo das war, weiß er gar nicht mehr.

So, das sind die zehn Figuren, die aus drei Teilen bestehen, welche wiederum ein komplettes Ganzes ergeben. Allein schon mit ihnen gibt es viele Kombinationsmöglichkeiten.

Dazu kommen nun aber noch einige andere Figuren, die nur aus Kopf und Bauch oder gar nur aus einem Kopf bestehen. Und die will ich dir natürlich auch nicht vorenthalten.

Schließlich sollst du auch bei ihnen wissen, mit wem du es zu tun hast. Und wenn du dann daran gehst, deine ersten Figuren selbst zusammenzubasteln, dann kannst du jederzeit hier nachsehen, wer sich hinter den Namen verbirgt, die in den Ordnern auf der CD aufgeführt sind.

Also Vorhang auf für unsere nächsten drei Kandidaten, die nur ein Handicap haben: Sie sind auf geliehene Beine angewiesen.

Herr Jager und der Jongleur

Herr Jager fotografiert für sein Leben gern. Und zwar vor allem Tiere. Überall auf der Welt reist er herum und sammelt Tierbilder. Ohne seine Kamera sieht man ihn eigentlich nie. Auch nicht, wenn er gar nicht auf Reisen ist und nur im Supermarkt um die Ecke einkauft. »Man weiß ja nie, was kommt« sagt er dazu.

Der Jongleur gehört ebenso wie Clown Bodo zum »Zirkus Salto Mortale«. Seine Spezialität ist das Jonglieren mit rohen Eiern, die er zu diesem Zweck bunt anmalt, so dass sie vom Publikum besser gesehen werden. Ansonsten mag der Jongleur überhaupt keine Eier, nicht gebraten, nicht gebacken, nicht gekocht. Komisch, nicht wahr?

Spürnase

Spürnase heißt eigentlich Willi Meier. Aber alle nennen ihn Spürnase, denn er ist von Beruf Detektiv. Das Herumschnüffeln kann er auch in der Freizeit nicht sein lassen. Hier sieht man ihn in seiner Berufskleidung. Sein großes Vorbild Sherlock Holmes. Deshalb trägt er auch die gleiche Mütze wie dieser.

Das waren also die drei Herren, denen man noch Beine machen muss. Nun fehlen lediglich die restlichen Köpfe, die im gleichnamigen Ordner in der »Malbox« zu finden sind.
Schauen wir sie doch der Reihe nach mal an.

Der Elefant

Das ist Elli, der Elefant. Ihr habt euch ja schon in der Urwald-geschichte kennengelernt. Elli ist sehr musikalisch. Am liebsten mag er Trommeln. Dann stampft er mit seinen dicken Füßen im Takt.

Wer bastelt die lustigste Figur?

Frau Froh

Frau Froh erkennt man schon von weitem an ihrem breiten Lachen. Sie ist richtig ansteckend mit ihrer guten Laune. Deshalb kaufen die Leute auch gerne bei ihr im Laden ein.

Frau Wind

Eine ganz besondere Dame ist Frau Wind. Sie behauptet immer, sie könne das Wetter machen. Und weil sie dabei ihre Backen dick aufbläst und dann furchtbar kräftig bläst, glaubt man ihr beinahe.

Herr Bart

Wie Herr Bart eigentlich aussieht, weiß keiner, denn ein langer roter Bart verdeckt sein Gesicht fast vollständig. Nur seine Nase schaut noch hervor.

Herr Glatz

Herr Glatz ist der Verlobte von Frau Froh. Wie sie, so ist auch er eigentlich immer gut gelaunt. Allerdings hat er fast keine Haare mehr. Aber selbst das kann ihm seine Laune nicht verderben.

Herr Hase

Herr Hase hat kein leichtes Leben. Ständig wird er wegen seinen Hasenzähnen und den abstehenden Ohren gehänselt. Der Arme!

Der Hund

Pluto ist der Hund von Frau Froh. Er schaut den ganzen Tag grimmig und knurrt jeden an, der vorbeikommt. Deshalb machen alle einen großen Bogen um ihn.

Der Löwe

Das ist der Löwe Leo. Ihn hast du ja schon von seiner besten Seite kennengelernt. Und deshalb darf er hier auch nicht fehlen, oder?

Das Schwein

Das Schwein Willi Rüssel bräuchte ich eigentlich auch nicht mehr vorzustellen. Es ist dir sicher noch gut in Erinnerung, seitdem es bei Bauer Nolte für Unruhe gesorgt hat.

Nun habe ich dir alle Figuren in der »Malbox« wenigstens einmal kurz vorgestellt. Das sind doch ganz schön viele!

Sie haben alle nichts dagegen, wenn sie auseinandergeschnitten und anders wieder zusammengebaut werden. Das sind sie gewöhnt.
Deshalb würde ich dir vorschlagen, wir versuchen uns gleich an einem Bild (es ist übrigens das letzte Bild, das wir zusammen in diesem Buch malen): einem Gruppenbild mit Dame.

Du willst wissen, was das ist? Abwarten! Ich verspreche dir: Das wird ein Riesenspaß.

Gruppenbild mit Dame

Zunächst brauchen wir natürlich wieder eine leere Malfläche in »Paint«.

Wähle im Menü »Datei« den Befehl »Neu«.

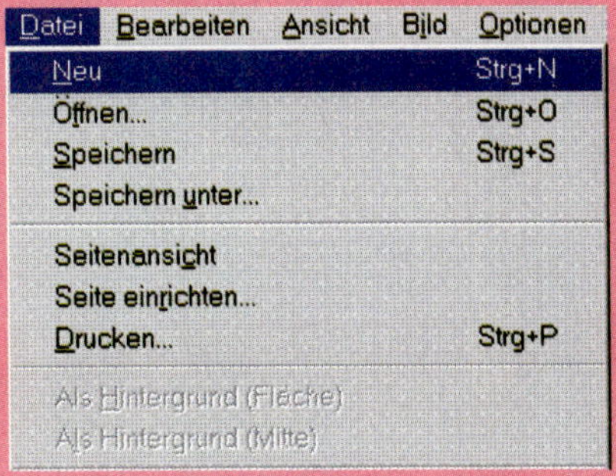

Für unser Gruppenbild mit Dame brauchen wir viel Platz. Vergrößere deshalb, wenn nötig, die Malfläche.

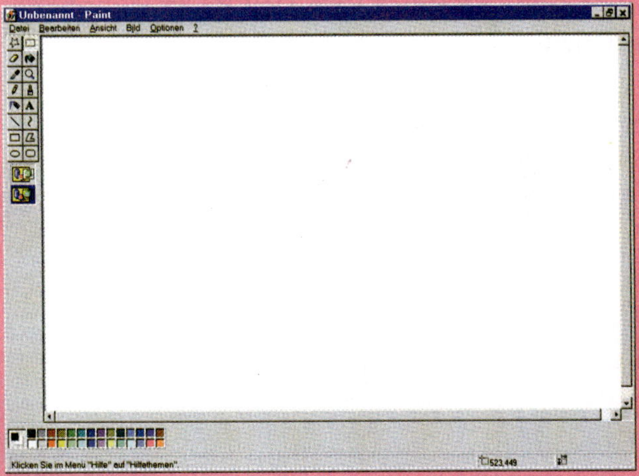

Lass mich dir schnell meine Idee beschreiben.
Ich stelle mir das Gruppenbild mit Dame so vor: Elefant Elli, Hund Pluto, Löwe Leo und Schwein Willi Rüssel auf einem Foto zusammen mit Frau Stolz. Die Tiere natürlich in Menschenkleidern.

Fangen wir mit dem Elefanten Elli an. Aber wie vorhin beim Clown Bodo suchen wir zuerst nach den geeigneten Beinen.

Und, wie findest du Elli? Steht ihm doch nicht schlecht, oder?

Weißt du, zu wem die Beine und zu wem der Bauch gehören? Ich will's dir verraten:
Die Beine sind von Herrn Bier. Den Bauch aber habe ich mir von dem Touristen ausgeliehen.

Als nächstes kommt der Hund Pluto dran.

Pluto guckt ja ganz schön grimmig, findest du nicht auch?

Du willst sicher wieder wissen, aus wem ich Pluto zusammengesetzt habe.

Ganz einfach. Die Beine habe ich mir vom Clown geholt. Und der Bauch gehört eigentlich zu Herrn Jager. Ich musste Beine und Bauch nur in ihrer Größe ein wenig verändern, aber dann passten sie perfekt aufeinander.

Als nächstes kommt der Löwe Leo ins Bild.

Also diese Uniform steht dem Löwen Leo wirklich großartig, findest du nicht auch?

Die Beine von Leo stammen von Herrn Igor, der Bauch von Herrn Bobby. Aber Achtung, das Schwein Willi Rüssel hat nun seinen Auftritt!

Ganz lässig steht er da, der Willi Rüssel, inmitten seiner Freunde.

Das Schwein Willi Rüssel hat sich beim Matrosen die Beine ausgeliehen. Der Bauch aber stammt von Herrn Maler.

Das Herrenquartett wäre somit perfekt. Nun fehlt nur noch Frau Stolz, damit wir auch tatsächlich von einem Gruppenbild mit Dame sprechen können.

Das Gruppenbild mit Frau Stolz.

Dir ist sicherlich aufgefallen, dass ich einige Figurenteile (Kopf, Bauch, Beine) im Bild gespiegelt habe. Ich habe das absichtlich nicht mehr extra erwähnt, denn wie das funktioniert, weißt du ja schon längst.

So, das war nun unser letztes gemeinsames Bild.
Bevor ich mich aber von dir verabschiede, möchte ich noch ein paar Worte zum Ordner »Mal_mich« und zum Thema Drucken sagen.

Mal mich

Ein Ordner mit dem Namen »Mal_mich« ist in allen Ordnern auf der CD versteckt, auch in den Ordnern »Bauch«, »Beine« und »Kopf«. Dort findest du sämtliche Bilder in Schwarz–Weiß, das heißt mit schwarzer Umrandung.

Hier siehst du den Ordner »Mal_mich«, der sich im »Kopf«–Ordner befindet.

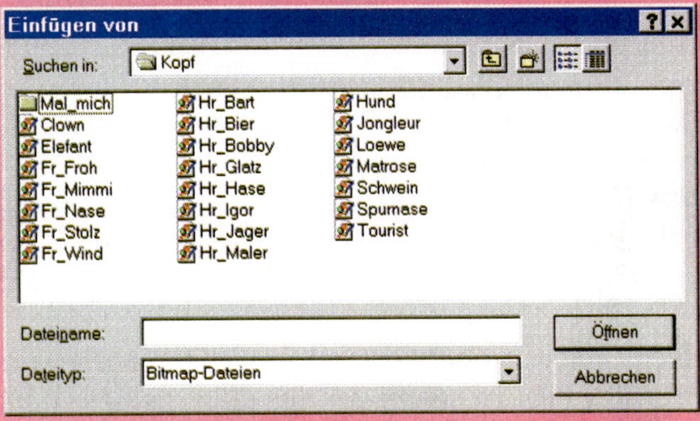

Diese Bilder sind dazu gedacht, dass du sie entweder in »Paint« mit Farbe füllst, oder sie ausdruckst und dann auf dem Papier mit Buntstiften anmalst. Wenn dir also die Farben einer Figur nicht gefallen, dann kannst du aus dem Ordner »Mal_mich« die gleiche Figur zum Ausmalen holen.

Druck mich

Und nun abschließend noch ein paar Tips zum Thema Drucken. Wenn du in »Paint« ein Bild gemalt hast, das du ausdrucken möchtest, dann sind nur zwei Schritte nötig, um den Drucker in Gang zu setzen.

Klicke im Menü »Datei« auf »Drucken«.

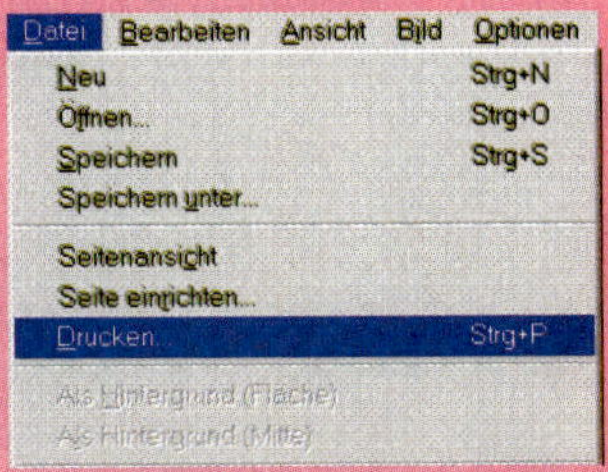

Im Feld »Drucker« sollte der richtige Druckername eingetragen sein. Frage da am besten deine Eltern. Bei »Druckbereich« muss »Alles« markiert sein. Klicke nun auf die »OK«-Schaltfläche. Jetzt beginnt der Drucker mit dem Ausdruck.

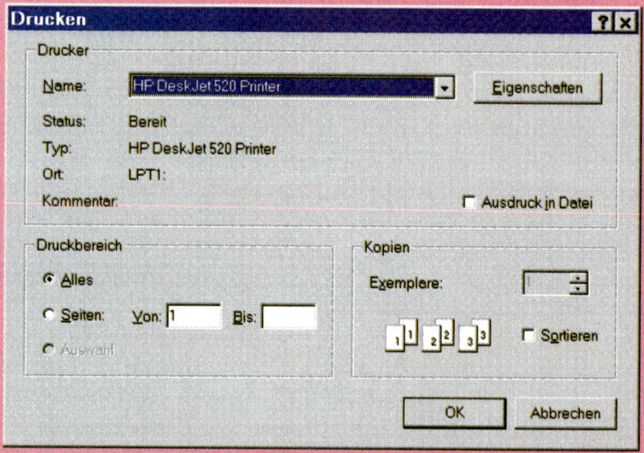

Nun bleibt mir nur noch, dir viel Spaß beim Malen und Basteln mit »Paint« zu wünschen. Vielleicht sehen wir uns ja in meinem nächsten Buch wieder.

Haben dir die vielen bunten Bilder gefallen? Selbstverständlich sind das längst nicht alle Bilder, die du für solche Zeichnungen verwenden kannst. Es gibt einige Firmen, die nichts anderes machen, als den ganzen Tag solche Bilder zu malen. Dazu gehören zum Beispiel die Firmen »Corel« in Kanada oder aber auch »Tewi« in Deutschland.

Deine Computermaus Chip